Les Quatre-Vingt-Quinze Thèses (1517)

Du même auteur (sélection):

La correspondance de Luther, Mayence, 1996.

Prier 15 jours avec Luther, Montrouge, 1998.

Les femmes dans la correspondance de Luther, Paris, 1998.

(avec Marc Lienhard) Luther, *Œuvres,* t. 1, Paris (Bibliothèque de la Pléiade), 1999.

(avec Jean-Marc Prieur) *Dieu est-il violent ? La violence dans les représentations de Dieu,* Strasbourg, 2005.

Annoncer l'Évangile (XVe-XVIIe siècle). Permanences et mutations de la prédication, Paris, 2006.

Quand Strasbourg accueillait Calvin 1538-1541, Strasbourg, 2009.

Albert Schweitzer : les années alsaciennes (1875-1913), Strasbourg, 2013 (2e éd.).

Martin Luther

Les Quatre-Vingt-Quinze Thèses (1517)

Débat universitaire destiné
à montrer le pouvoir des indulgences

Introduction, traduction et notes
par Matthieu Arnold

Éditions Olivétan

1ère édition, 2004, Oberlin, Strasbourg.

Edition 2014, revue et augmentée par l'auteur.

Dépôt légal 4e trimestre 2016

ISBN 978-2-35479-221-3
© Editions Olivetan
20 rue Calliet BP 4464
69241 LYON CEDEX 04
www.editions-olivetan.com

Avant-propos

Alors qu'approche le jubilé de 2017, qui marquera le 500e anniversaire des Quatre-vingt-quinze thèses – et donc des débuts de la Réformation –, l'intérêt pour ce texte célèbre ne cesse de croître. Nous en avions proposé aux Éditions Oberlin, il y a dix ans, une édition qui est malheureusement épuisée depuis quelque temps. C'est pourquoi nous exprimons notre vive gratitude à Henri Fischer, directeur des Éditions Olivétan, pour nous avoir poussé à remettre sur le métier cet opuscule, que nous avons remanié en profondeur.

Pour autant, éditer aujourd'hui les *Quatre-vingt-quinze thèses* ne va pas de soi, tant Luther y traite d'un sujet qui peut paraître dépassé, surtout dans le protestantisme : la pénitence. En effet, depuis longtemps la confession auriculaire n'y a plus cours, et l'on connaît la désaffection qui la frappe dans le catholicisme actuel. Par ailleurs, au seizième siècle, la pénitence était indissociable d'une représentation de l'au-delà principalement spatiale, avec un monde à plusieurs niveaux : l'enfer et le purgatoire – où les âmes souffrantes achevaient de purger leur peine – constituaient des lieux inférieurs, tandis que, au-dessus de la terre, se trouvait le paradis. Depuis la Réformation, cette conception a été concurrencée par d'autres visions de l'au-delà : ainsi, dans la conception existentielle, l'enfer désigne moins un endroit précis que le fait d'être séparé de Dieu. D'ailleurs, pour la majorité des croyants et comme le révèlent des sondages, l'enfer n'a plus aucune existence. Assurément la Réformation a-t-elle contribué à cette mutation. Le Moyen Âge proposait aux fidèles des tableaux exubérants des délices du paradis et plus encore des tourments infernaux ; en se fondant sur la Bible, Luther a permis à la tradition protestante de s'exprimer avec plus de sobriété et de prudence sur ce qui se passe après la mort : « De même que les enfants dans le corps de leur mère savent peu de choses sur leur naissance, nous savons peu de choses sur la vie éternelle[1]. »

Pourtant, les conceptions critiquées par Luther et les représentations qui leur servent de toile de fond restent vivaces dans certains milieux catholiques. Plus largement, même si la pénitence, les indulgences et le purgatoire sont des notions qui ne parlent plus guère à nos contemporains, le cœur du débat provoqué par Luther ne manque pas de rejoindre leurs préoccupations : conception de Dieu, rôle de l'argent, question de la mort ou encore problème de l'éthique. Autant de sujets qui concernent l'homme du vingt et unième siècle comme celui du seizième siècle. Par conséquent, la publication

---

1 Propos de table, WA [= Weimarer Ausgabe] TR [= Tischreden] n° 3339 : 3, 276, 26-27.

des *Quatre-vingt-quinze thèses* ne répond pas seulement à un intérêt purement commémoratif.

*
* *

Quelles que soient leurs motivations, nombreux sont les lecteurs qui souhaitent consulter ces thèses sans devoir acquérir des éditions plus ou moins volumineuses d'œuvres de Luther, et avec un apparat critique plus fiable que ceux que l'on peut trouver sur Internet. Ce vif désir explique que nous ayons entrepris, à notre tour, de traduire ce texte fondateur du protestantisme. Certes, le genre des thèses (de brefs aphorismes) et la syntaxe latine claire de Luther ne permettent pas au traducteur d'innover grandement par rapport à ses prédécesseurs. Du moins la présente traduction se distingue-t-elle de ses devancières par son souci de faire droit à la pensée très cohérente qui s'exprime dans la « dispute » théologique sur les indulgences ; ainsi, nous nous sommes attaché à traduire toujours de la même façon les expressions latines qui reviennent à plusieurs reprises sous la plume de Luther. Par ailleurs, notre annotation et notre introduction des thèses, qui tiennent compte des études les plus récentes[2], ne se contentent pas de situer les thèses dans une perspective historique ; elles s'attachent aussi à l'agencement de cet écrit, en

2 Voir la bibliographie. Un volumineux commentaire œcuménique allemand des *Quatre-vingt-quinze thèses* est en préparation, sous la direction de Theodor Dieter (Centre d'études œcuméniques, Strasbourg).

font ressortir les enjeux théologiques et en esquissent l'influence jusqu'à nos jours.

*
* *

Par ses thèses latines, destinées à quelques initiés, Luther a suscité un débat qui a bouleversé la chrétienté tout entière. De prime abord, c'est avec ses pairs que le professeur de théologie avait eu l'intention de discuter des indulgences ; toutefois, en même temps, il avait exprimé ses préoccupations pastorales à son supérieur. Par ailleurs, grâce à l'usage de l'allemand, il a rapidement sorti la théologie du cénacle académique pour la diffuser largement, en s'exprimant en des termes accessibles à tous sans pour autant en rabattre sur le contenu. Soucieux de mettre à bas les fausses sécurités et de procurer aux consciences inquiètes un authentique réconfort, Luther a rappelé avec force, en un temps où, déjà, l'appât du gain gouvernait le monde, que l'Église n'était riche que du trésor de l'Évangile. Il a pris au sérieux les intérêts et les inquiétudes de ses contemporains, mais sans pour autant leur délivrer un message au goût du jour ou passer sous silence les exigences éthiques du christianisme. Si la présente édition pouvait, modestement, montrer la voie d'un jubilé de 2017 fidèle aux intentions de Luther, elle aurait atteint son but.

Strasbourg, mai 2014.

Introduction

1. Luther jusqu'en 1517

Lorsque, le 31 octobre 1517, Luther invite à débattre des indulgences, son acte ne relève pas de la provocation d'un jeune impertinent : âgé de près de trente-quatre ans (il est né le 10 novembre 1483), Luther est, pour son époque, un homme mûr (ne conseillera-t-il pas lui-même aux jeunes gens de se marier à dix-huit ans, et aux jeunes filles à quinze, et ne se dépeindra-t-il pas, dans sa correspondance et dans ses propos de table, comme un vieil homme, passée la trentaine ?). C'est surtout un homme qui jouit d'une expérience certaine sur le plan de la vie monastique, de l'enseignement universitaire et de la pastorale : « Je suis prédicateur du couvent, lecteur au réfectoire, et chaque jour on fait appel à moi pour prêcher à l'église paroissiale ; je suis vicaire, et je fais à ce titre le travail de onze prieurs. [...] Je professe un cours sur Paul et rassemble des matériaux pour un commentaire sur les Psaumes. [...] Tu vois combien je suis un homme paresseux[3] ! », écrit-il à un ami, près d'un an auparavant (25 octobre 1516).

Entré au couvent augustin d'Erfurt en 1505, suite à un vœu fait à sainte Anne et après avoir été épargné lors d'un orage, Luther ne quittera l'habit monastique qu'une vingtaine d'années plus tard. Son expérience de moine et ses vaines tentatives de mériter son salut ne lui ont pas fait abandonner les rigoureuses exigences monastiques pour un mode de vie plus relâché, bien au contraire : au sein du couvent augustin réformé, qui pratiquait avec sérieux les vœux de pauvreté, d'obéissance et de chasteté, Luther se distingua par ses jeûnes, ses veilles et ses prières.

En tant que moine, il trouva du soulagement dans la lecture des Psaumes, chantés quotidiennement et qu'il qualifiait de « livre le plus remarquable sur terre », qui enseigne « comment les saints se sont comportés vis-à-vis de Dieu ». Quelques mois avant la parution des *Quatre-vingt-quinze thèses*, au printemps de 1517, sa première publication – qui attira sur lui l'attention des lettrés – consistait en un commentaire allemand des sept Psaumes de pénitence. Il y affirmait notamment : « Lorsque l'homme décline et qu'il est réduit à néant [...] dans toutes ses œuvres, dans tout son être, au point qu'il n'y a plus là qu'un pécheur misérable, damné et abandonné, c'est alors que viennent le secours et la force de Dieu. [...] Dieu en a ainsi délibéré qu'il aime à

3 WA [= Weimarer Ausgabe] Br [= Briefe] n° 28 : 1, 72, 6-11 et 13.

exaucer ceux qui crient et se lamentent, et non ceux qui se sentent sûrs d'eux-mêmes et téméraires. [...] Un cœur sincère et contrit n'a sous les yeux que son péché et la misère de sa conscience[4]. »

Toutefois, c'est le Nouveau Testament – et notamment les épîtres de l'apôtre Paul, interprétées à l'aide des écrits de saint Augustin, qui magnifiait la grâce divine – qui lui permit de changer son image de Dieu : la justice de Dieu est inséparable de sa miséricorde ; le Dieu juste n'est pas d'abord celui qui demandera des comptes à ses créatures au Dernier jour, mais celui qui a accepté que son Fils Jésus-Christ, le seul juste, meure pour le réconcilier avec l'humanité injuste ; ainsi donc, au lieu de châtier les manquements et de récompenser les mérites, Dieu déclare l'homme juste par pur amour ; en retour, l'homme est appelé seulement à y accorder foi et à y répondre, spontanément, par les œuvres d'amour qui découlent de cette confiance.

En effet, poussé par Johann von Staupitz, son supérieur au sein de l'ordre augustin, Luther avait poursuivi des études de théologie jusqu'au grade le plus élevé : le doctorat, obtenu en octobre 1512. Dès lors, il lui était possible de professer des cours sur les livres bibliques ; de fait, jusqu'à sa mort, Luther resta professeur de théologie biblique à l'Université de Wittenberg. Selon nous, c'est dès son cours sur l'épître aux Romains

4 WA 1, 160, 15-17 ; 165, 10-11 ; 185, 37-38. Traduction Martin Luther, *Œuvres* [désormais : MLO], t. I, Genève, 1957, p. 17, 22 s et 49.

(1515-1516) qu'il fit la « découverte réformatrice », qu'il a rendue bien plus tard en ces termes : « J'entendais par justice la justice [...] par laquelle Dieu est juste et qui le pousse à punir les pécheurs et les injustes. [...] je n'aimais point ce Dieu juste et vengeur. [...]. Je commençais à comprendre que la justice de Dieu est celle par laquelle le juste vit du don de Dieu, à savoir de la foi, et que la signification [de *Romains* 1.17] était celle-ci : l'Évangile nous révèle la justice de Dieu, à savoir la justice [...] par laquelle Dieu, dans sa miséricorde, nous justifie par la foi, comme il est écrit : le juste vivra par la foi. Alors je me sentis renaître et entrer par des portes largement ouvertes au Paradis même[5]. » (*Préface de Luther à l'édition de ses écrits latins*, 1545.) Certes, entre 1516 et 1520 – l'année de ses « grands écrits réformateurs », avec l'affirmation du salut par la foi seule, par le Christ seul et grâce à la connaissance de l'Écriture seule –, les contours de sa pensée allaient se dessiner plus nettement, grâce aussi aux défis lancés par ses contradicteurs. Il n'empêche : dès 1516, Luther avait posé les fondements d'une théologie qui, à l'automne de 1517, allait l'amener à s'opposer avec détermination à la prédication des indulgences.

5 WA 54, 187, 17-20. 23-24 ; 186, 5-9. Sans doute Luther a-t-il ramassé en un tournant ponctuel ce qui n'était que le terme d'une évolution bien plus longue. Voir Berndt Hamm, *Der frühe Luther. Etappen reformatorischer Neuorientierung*, Tübingen, Mohr Siebeck, 2010.

Professeur d'Université, Luther conserva et développa la pratique de soutenir des thèses. Les thèses, séries de brèves propositions, étaient rédigées par le professeur, et devaient être défendues par le candidat. C'est par ce biais que, avant même les *Quatre-vingt-quinze thèses*, il attaqua les théologiens qui surévaluaient les mérites humains, dépréciant ainsi la grâce de Dieu, et souligna : « Nous ne sommes pas rendus justes en accomplissant des œuvres justes, mais rendus justes [par Dieu], nous accomplissons des œuvres justes[6]. » (*Controverse contre la théologie scolastique*, 4 septembre 1517, th. 40.)

La question des indulgences se prêtait bien à un tel exercice universitaire : il s'agissait d'un sujet qui n'était pas encore entièrement fixé sur le plan dogmatique. Ainsi, pour nous contenter de cet exemple, la question demeurait ouverte de savoir si le pape pouvait seulement intercéder en faveur des défunts pour lesquels on avait acquis une indulgence, ou si, en tant que chef de la chrétienté, il avait le pouvoir d'agir directement sur leur sort dans l'au-delà, au purgatoire. Traiter des indulgences permit à Luther de revenir sur un thème qu'il affectionnait, la grâce de Dieu, tout en dépassant les questions purement théologiques pour en venir au terrain de la pastorale.

Luther était aussi pasteur à Wittenberg, il y prêcha jusqu'à la fin de sa vie. A ce titre, il se montrait sou-

6 WA 1, 226, 8-9.

cieux de transmettre aux fidèles la conception de Dieu qu'il avait redécouverte, de les instruire et de les mettre en garde contre les sécurités trompeuses pour leur salut. C'est au nombre de ces dernières qu'il rangeait la prédication relative aux indulgences. Pour Luther, elle nuisait à la fois aux consciences scrupuleuses, qu'elle effrayait par les tourments du purgatoire, et aux pécheurs impénitents, qui trouvaient dans l'achat d'indulgences un moyen commode pour se soustraire à une authentique repentance.

Dès 1516 (ou au début de 1517), dans un *Sermon au sujet des indulgences*, Luther avait insisté sur la nécessité de la repentance et combattu la fausse sécurité donnée par les indulgences mais cette prédication était passée relativement inaperçue. En revanche, ses *Quatre-vingt-quinze thèses*, relayées par l'imprimerie, allaient donner à sa charge un tout autre impact.

Examinons à présent plus en détails la doctrine et la prédication des indulgences, qui ont vivement heurté la sensibilité de Luther en tant que chrétien scrupuleux, en tant que théologien et en tant que pasteur : elles contredisaient le Dieu miséricordieux révélé dans la Bible, qui sauve gratuitement ceux qui se repentent sincèrement et placent leur confiance en lui ; elles sapaient les fondements de l'éthique chrétienne, en valorisant une piété égoïste au détriment de la charité ; elles donnaient une piètre image de l'Église et de la Papauté, en confirmant le diction « à Rome, tout s'achète ».

II. Les indulgences : naissance et développement d'une pratique

La compréhension des indulgences est étroitement liée aux conceptions relatives à la pénitence et aux représentations de l'au-delà qui avaient cours au Moyen Âge.

Pour la pratique pénitentielle de l'Église ancienne, le pécheur repentant, sincèrement désireux de se convertir, devait accomplir une peine temporelle dont la durée était proportionnelle à la gravité de la faute. Ce n'est qu'au terme du processus pénitentiel, et avec le soutien de la prière de l'Église, que le pécheur était absous. Par la suite, en accordant l'absolution dès après la confession de la faute – et donc avant l'accomplissement de la peine –, l'Église établit une distinction entre l'absolution de la faute et la libération des peines temporelles. L'efficacité de l'indulgence était limitée au second domaine.

Une fois qu'il s'était confessé à un prêtre et avait reçu l'absolution qui effaçait sa coulpe*, le pécheur échappait à la damnation éternelle. Mais il lui restait à accomplir ici-bas une peine qui pouvait se prolonger dans l'au-delà, au purgatoire*, s'il ne l'avait pas entièrement purgée durant son existence. Conçu tout d'abord comme un lieu de purification des âmes défuntes, vers la fin du Moyen Âge le purgatoire s'était rapproché peu à peu de l'enfer[7]. Or, le purgatoire, lieu intermédiaire

7 Voir Jacques Le Goff, *La naissance du purgatoire*, Paris, Gallimard, 1981.

entre les tourments infernaux et les délices paradisiaques, était censé accueillir la très grande majorité des êtres humains : ceux qui ne sont ni entièrement bons (ils s'en vont au paradis, pour y jouir de la vision de Dieu) ni entièrement mauvais (ils sont voués à l'enfer). Dans leurs sermons, les prédicateurs dépeignaient le purgatoire de manière à effrayer les fidèles, en même temps qu'ils soulignaient les moyens d'en retirer les âmes souffrantes : « [Le purgatoire], bien qu'il ne soit pas éternel, est cependant étonnamment rigoureux ; il dépasse en effet toute peine que l'homme a jamais soufferte ou peut souffrir en cette vie. [...] Étendons donc notre charité aux âmes qui vivent au purgatoire, afin que par les aumônes, les jeûnes, les messes, les prières, les autres suffrages et les bonnes œuvres que nous ferons pour elles, elles soient consolées et plus rapidement délivrées[8]. » De même, dans le premier catéchisme allemand qui fut imprimé, le *Miroir des chrétiens* (1470), le Franciscain Dederich de Munster (vers 1435-1515) commenta en ces termes le sort des hommes dans l'au-delà : « Je crois que la peine du purgatoire est plus amère que toutes les peines qui peuvent exister en ce monde[9]. »

---

8 Cité d'après Hervé Martin, *Le métier de prédicateur à la fin du Moyen Âge (1350-1520)*, Paris, Cerf, 1988, p. 346 et 348. (Voir de même, p. 492 et 508.)

9 *Ein fruchtbar Spiegel oder Handbüchelchen des Christenmenschen*, dans *Katholische Katechismen des sechzehnten Jahrhunderts in deutscher Sprache*, C. Moufang (éd.), Mayence, 1881 (reprint Hildesheim, 1964), p. IV.

Ainsi donc, la pastorale de l'Église comportait deux versants : aviver la crainte de la mort – et par-dessus tout de la mauvaise mort, lorsque le fidèle n'était pas entièrement réconcilié avec Dieu –, mais aussi, en contrepartie, rassurer les fidèles, pour eux et pour leurs proches défunts, en leur offrant des moyens d'agir sur leur sort dans l'au-delà. Telle était la fonction des indulgences.

Or, tandis que le purgatoire s'« infernalisait » – pour reprendre l'expression de Jacques Le Goff –, les indulgences, elles, se dévalorisaient. Réservées dans un premier temps aux croisés, elles furent étendues, dès 1300, aux pèlerins visitant les quatre basiliques de Rome dans le cadre de l'année jubilaire. L'intervalle entre deux années jubilaires fut progressivement ramené à cinquante, puis à trente-trois et enfin à vingt-cinq ans. Quant aux indulgences, disponibles en d'innombrables lieux de la chrétienté à la fin du quinzième siècle et au début du seizième siècle, elles finirent par être accessibles par simple achat : « Ainsi se réduisait le poids de la satisfaction* ; pour obtenir l'annulation complète des pénitences, il avait fallu d'abord risquer sa vie dans la guerre sainte, puis accomplir un voyage pénible ; finalement, il suffit de payer une somme dont la hiérarchie fixait le montant[10]. » On comprend, certes,

10 Francis Rapp, *L'Église et la vie religieuse en Occident à la fin du Moyen Âge*, Paris, Presses Universitaires de France, 1983 (4e éd.), p. 155.

la logique qui avait présidé à cette démocratisation de l'indulgence plénière : il s'agissait de rendre accessibles à tous les grâces incommensurables que l'on prêtait à l'indulgence. Ce faisant, on répondait tant à la demande des fidèles qu'aux besoins pécuniaires de la papauté – et des différentes institutions avec lesquelles il lui fallait partager la manne financière des indulgences.

L'indulgence – matérialisée sous la forme d'une lettre ou d'un billet – n'en demeurait pas moins soumise à des préalables : la confession et l'absolution. Une fois seulement le pardon de Dieu annoncé par le prêtre quant à la faute ou coulpe, l'indulgence pouvait opérer la remise des peines prévues pour la purification. Toutefois, à la fin du Moyen Âge, les indulgences faisaient l'objet d'un commerce éhonté, et ses prédicateurs n'hésitaient pas à simplifier dangereusement la doctrine de l'Église. Entre 1476 et 1504, Raymond Péraud († 1505) initia puis développa, en France comme en Allemagne, des campagnes d'indulgences à grande échelle ; mettant l'accent exclusivement sur les grâces procurées par les indulgences, que l'on pouvait désormais acquérir pour les défunts dans le purgatoire, la prédication de l'indulgence ne laissait plus guère de place à une authentique pénitence.

En vertu de quoi l'Église pouvait-elle remettre les peines prévues pour la purification ? Au treizième siècle, l'intercession de l'Église, à l'origine constitutive de l'indulgence, céda la place, dans une logique de comptabilité[11] et de compensation, à la gestion du « trésor des mérites ». Ce « trésor des mérites » reposait sur l'idée d'une solidarité entre les croyants des différentes générations : le Christ et les saints avaient accompli des mérites surérogatoires* ; loin d'être perdues, ces œuvres supplémentaires pouvaient compenser les œuvres déficientes des autres membres du corps du Christ. En se fondant sur le pouvoir des clés (Matthieu 16.19) confié par le Christ à son Église – et donc au pape –, Thomas d'Aquin affirma que le souverain pontife pouvait puiser dans ce trésor, afin d'alléger des peines temporelles : « [...] le pouvoir d'accorder des indulgences réside en sa plénitude dans le pape ».

Ainsi, le pape voire les évêques avaient le droit de réduire ces peines (indulgence partielle), et même de les effacer (indulgence totale), en échange d'œuvres telles que les prières, les aumônes et les jeûnes, ou même de l'achat d'indulgences.

---

11 « Le "vrai catholique", un peu comme le Pharisien de la parabole, dénombrait ses bonnes œuvres, alignant les dizaines de chapelets, les messes et les indulgences, en colonnes de plus en plus longues. La piété de cette époque [la fin du Moyen Âge], même chez les meilleurs, s'est faite arithmétique. [...] les indulgences font ressembler la communion des saints à quelque immense banque de virement. » (Francis Rapp, *L'Église et la vie religieuse...*, p. 161 et 288.) – « La mentalité a véhiculé une conception "bancaire" du trésor de l'Église et une perception commerciale de l'échange des mérites au profit du défunt. » (Bernard Sesboüé, article « Indulgences », in : *Dictionnaire critique de théologie*, sous la direction de Jean-Yves Lacoste, Paris, Presses Universitaires de France, 1998, p. 570.)

Commencée en 1505 sous le pontificat de Jules II († 1513), l'édification de la basilique Saint-Pierre avait donné lieu, dès 1507, à la promulgation d'une « indulgence jubilaire » au profit de ces importants et coûteux travaux. Le successeur de Jules II, Léon X, renouvela cette indulgence. Le Saint-Siège avait d'autant plus besoin d'argent que les fastes de la vie princière et les guerres menées par Jules II puis par Léon X dévoraient des sommes considérables ; or, les revenus temporels et spirituels ne parvenaient guère à compenser les sommes qui sortaient des caisses pontificales, et les papes étaient contraints de recourir à d'importants emprunts.

Pourquoi l'indulgence fut-elle prêchée dans les territoires de la Saxe électorale, attirant l'attention puis le courroux de Luther ? En 1513, Albert de Brandebourg, avait été élu à l'archevêché de Magdebourg et, un an plus tard, à celui de Mayence. Léon X accepta ce cumul contre le versement d'une somme très importante (dix mille ducats) ; or, cette dernière s'ajoutait aux frais occasionnés par l'élection, qu'Albert de Brandebourg s'était engagé à couvrir (quatorze mille ducats). En même temps qu'elle formulait ces exigences financières considérables, Rome proposa au jeune archevêque un moyen de recouvrer ces capitaux : faire prêcher dans ses diocèses et dans ses terres l'indulgence de Saint-Pierre, dont le revenu irait pour partie à lui et pour partie à la Basilique Saint-Pierre. C'était là, depuis les campagnes menées par Péraud, une pratique usuelle, et le prince accepta le marché ; ce furent les Fugger, célèbres banquiers d'Augsbourg, qui lui avancèrent l'argent.

Ce n'est qu'au début de 1517 que la prédication des indulgences commença, sous la direction du dominicain Johannes Tetzel, sous-commissaire général de l'archevêque de Mayence. Prêchée non pas à Wittenberg (le prince électeur* de Saxe, Frédéric le Sage, lui-même possesseur d'une impressionnante collection de reliques dont la vue procurait des milliers d'années d'indulgences, voyait d'un mauvais œil la concurrence financière d'Albert de Brandebourg), mais dans la ville voisine de Juterbog, l'indulgence attira bon nombre des pénitents de Luther. Ce dernier fut effrayé par les conséquences désastreuses de la prédication des indulgences sur ses fidèles. Certes, les bulles d'indulgence exigeaient expressément une vraie contrition* des péchés comme préalable *sine qua non* à l'absolution. Mais la pratique était plus souple que la théorie. Par ailleurs, la confusion pouvait être entretenue, dans l'esprit des acheteurs, selon laquelle l'indulgence consistait non seulement en la rémission des peines temporelles, mais encore en la libération de la coulpe. Quant à Tetzel, plus encore que son illustre prédécesseur Péraud, il ne reculait pas devant les affirmations hardies pour convaincre les indécis : les grâces qu'il proposait étaient supérieures à celle de l'apôtre Pierre ; celui qui versait son offrande dans le tronc se verrait « pardonné, quand bien même il aurait violé la mère de Dieu » !

La lettre par laquelle Luther accompagna l'envoi de ses thèses à l'archevêque Albert de Mayence montre son souci d'alerter les autorités ecclésiales autant sinon plus que de débattre dans un cercle d'universitaires: « Les indulgences papales sont colportées dans le pays sous le nom de Votre Grandeur, pour la construction de Saint-Pierre. [...] je déplore les fausses idées que le peuple en retire [...]. Ces malheureuses âmes se figurent que, si elles achètent des lettres d'indulgences, elles sont sûres de leur salut; elles croient aussi que les âmes s'envolent du purgatoire aussitôt qu'on a mis son offrande dans la caisse[12]. »

Or c'est ce geste, sans doute plus que l'invitation à discuter ses thèses[13] (dans d'autres disputes théologiques, Luther s'en était pris sans ménagement à la théologie de son temps, sans avoir été inquiété pour autant) qui allait déclencher le processus menant à la Réformation.

12 WA Br n° 48 : 1, 111, 15-21 ; Martin Luther, *Œuvres*, t. VIII, Genève, Labor et Fides, 1959, p. 19.

13 La question de l'affichage des thèses par Luther reste débattue.

III. Les *Quatre-vingt-quinze thèses*: agencement et contenu

Au contraire des autres débats universitaires présidés par Luther tout au long de sa carrière de professeur d'Université, la discussion relative aux indulgences ne s'inscrivait pas dans le cadre de la promotion d'un maître ou d'un doctorant. Les *Quatre-vingt-quinze thèses* n'en respectent pas moins les formes en vigueur, et leur agencement témoigne d'une composition extrêmement structurée. Après un préambule précisant l'objectif des thèses, Luther débute par un aphorisme, une formule courte et bien frappée, qui situe le thème général du débat : la pénitence.

On relèvera que les thèses sur le pouvoir des indulgences sont encadrées par deux affirmations fortes, qui se complètent : la vie entière est pénitence (th. 1) ; seule une telle vie peut mener au ciel (th. 94-95). Ces affirmations sont liées respectivement aux paroles et aux actes du Christ. Dans le corps de la démonstration de Luther, Jésus-Christ n'apparaît pas seulement comme le héraut et comme le modèle de l'authentique pénitence : par le salut gratuit qu'il a acquis pour les croyants, il est le véritable trésor de l'Église (th. 60 et 62), à côté duquel les indulgences sont fort peu de choses (th. 68).

Dans les thèses 2 à 41, Luther procède principalement à la contestation des propriétés incertaines des indulgences par la négation ou par des formules exprimant le doute (« il ne semble pas prouvé... », « personne n'est sûr... », « c'est avec précaution... »)[14]. À partir de la thèse 42, alors qu'il vient d'aborder le thème des œuvres de la charité, Luther expose, avec l'autorité d'un docteur en théologie (voir les expressions : « il est manifeste... », « il est clair... », « il faut exhorter... », etc.), un programme concurrent de celui des prédicateurs d'indulgences : « il faut enseigner... » (th. 42-51).

Cette césure permet d'affiner le découpage des *Quatre-vingt-quinze thèses* ; le propos de Luther y progresse en une argumentation serrée :

– la pénitence et la peine valent pour la vie tout entière (th. 1-4) ;

– le pouvoir spirituel du pape est limité : il ne peut remettre que les peines qu'il a imposées (th. 6 et 20), et son action ne s'étend pas à l'au-delà (purgatoire) (th. 5-20) ;

– les promesses des prédicateurs d'indulgences sont trompeuses et il en résulte une sécurité fallacieuse pour les fidèles (th. 21-35) ;

14 De même, dans la conclusion de sa lettre à Albert de Brandebourg : « Si cela convient à Votre Grandeur, elle pourra prendre connaissance de mes thèses ci-jointes, et elle verra combien la doctrine des indulgences est douteuse, alors que ses prédicateurs s'imaginent qu'elle est tout à fait certaine. » (MLO VIII, 20.)

– à l'inverse, les assurances de Dieu sont certaines et se passent des indulgences (th. 36-40) ;

– les œuvres de la charité prévalent sur l'achat des indulgences (th. 41-47) ;

– par les indulgences, le pape recherche plus l'intercession des fidèles que l'argent, et il s'opposerait à la prédication des indulgences s'il en connaissait la teneur (th. 48-52) ;

– la prédication des indulgences concurrence l'annonce de la Parole de Dieu, qui est le seul et authentique trésor de l'Église (th. 53-68) ;

– ce n'est pas l'indulgence qui est condamnable, mais la manière dont elle est prêchée et les pouvoirs extravagants qui lui sont prêtés (th. 69-80) ;

– cette prédication coupable cause un tort considérable à la papauté (th. 81-90) ;

– il faut, par conséquent, n'écouter que les vrais prophètes, qui, en valorisant la croix du Christ, prêchent l'indulgence selon l'esprit du pape (th. 91-95).

Tout au long de sa démonstration, Luther s'attache à la fois à définir la pénitence, le trésor de l'Église et les indulgences authentiques, et à balayer les sécurités fausses (th. 95), vaines et trompeuses (th. 24, 32, 52, 75) mises en avant par les prédicateurs d'indulgences. Il lui importe à la fois de rassurer les chrétiens désireux de se réconcilier avec Dieu (insistance sur l'œuvre du Christ et sur la gratuité du salut) et d'effrayer ceux qui seraient tentés par l'obtention facile – en échange d'une simple contrepartie pécuniaire – de l'absolution voire du ciel. Cette double démarche – rassurer les scrupuleux et briser les orgueilleux – guidera l'action pastorale de Luther sa vie durant. En elles-mêmes, les indulgences ne sont d'aucune efficacité ; il est même nocif de placer en elles leur confiance (th. 32).

De même, les *Quatre-vingt-quinze thèses* expriment sans détour un motif central de la théologie de Luther, mais souvent occulté par une fausse compréhension du rapport entre la foi et les œuvres : l'importance des œuvres d'amour pour le prochain[15]. À l'encontre de la piété égoïste qui se traduit par l'achat d'indulgences et qu'il dénoncera également dans son *Sermon sur le très vénérable corps du Christ et sur les confréries*[16], Luther met l'accent sur la supériorité des manifestations de partage et de solidarité (th. 43-45).

Pas plus que dans la suite de ses écrits, Luther ne tire argument de la gratuité du salut, acquis par Dieu sur la Croix, pour supprimer les bonnes œuvres ; le Réformateur connaît bien le triple commandement d'amour de Jésus, et son souci du prochain est fonda-

15 Voir Matthieu Arnold, « Martin Luther et les bonnes œuvres », *Comptes rendus de l'Académie des Inscriptions et Belles-Lettres* (janvier-mars 2010), p. 9-29.

16 Voir Luther, *Œuvres*, t. I, éd. M. Lienhard et M. Arnold, Paris, 1999 (Bibliothèque de la Pléiade), p. 326-330.

mental. Dans ses écrits ultérieurs, il précisera le rapport entre grâce (et foi) et œuvres, ce qui ne constituait pas le propos de ses *Quatre-vingt-quinze thèses* ; pas plus que l'achat d'indulgences, les œuvres de charité ne sauraient contraindre Dieu à faire grâce au chrétien : elles ne conditionnent pas l'amour divin, mais elles découlent de lui. Puisque l'être humain n'a plus à se soucier de son salut, il a tout le loisir de se préoccuper de son prochain. Quelques années plus tard, dans son *Jugement sur les vœux monastiques* (1522), Luther précisera : « La liberté chrétienne ou évangélique est donc la liberté de la conscience, par laquelle la conscience est affranchie des œuvres, non de telle manière que nulle œuvre n'ait lieu, mais de telle sorte que la conscience ne s'assure en aucune œuvre[17]. »

En ouvrant ses thèses par une citation biblique (th. 1) et en faisant de l'Évangile le trésor de l'Église (th. 62), Luther met en évidence l'importance que revêt pour lui la Parole de Dieu. C'est elle qui fonde son action : il veut débattre, « par amour de la vérité », au sujet de conceptions qui ne peuvent nullement se réclamer de la Bible ; il veut combattre la prédication des indulgences, qui concurrence la Parole de Dieu voire la passe sous silence (th. 53-55). S'il lui importe de faire entendre cette parole, c'est parce qu'elle annonce la grâce et la gloire de Dieu (th. 62). Il s'agit d'une parole miséricordieuse, réconfortante, mais aussi d'une parole de vérité, qui ne

17 WA 8, 606, 30-32 ; traduction Luther, *Œuvres*, t. I, p. 934.

cache pas les exigences divines: « Repentez-vous ! ». Dans ses écrits et dans ses prédications, Luther fera droit, jusqu'à la fin de sa vie, à cette double dimension de l'Évangile : parole qui apaise et qui libère, mais aussi parole qui responsabilise.

Après avoir polémiqué longuement contre les abus de la prédication des indulgences, Luther donne l'impression qu'il ne conteste pas la doctrine et la pratique des indulgences en elles-mêmes, bien au contraire : « Celui qui parle contre la vérité des indulgences apostoliques, qu'il soit anathème* et maudit. » (th. 71) Pourtant, les *Quatre-vingt-quinze thèses* vident peu ou prou les indulgences de leur contenu : s'il est préférable de donner aux pauvres (th. 43) et si la pénitence authentique dispense de lettre d'indulgences (th. 36), à quoi bon acheter les précieux documents portant le sceau du pape ? Par ailleurs, Luther ne cesse d'instiller le doute au sujet des affirmations relatives aux indulgences, contestant les effets que les prédicateurs leur prêtent (voir par ex. th. 75 et 76). L'historien catholique Joseph Lortz ne s'y est pas trompé ; selon lui, les attaques de Luther portent non seulement sur la pratique d'une prédication dévoyée des indulgences, mais encore « contre l'essence du pouvoir qui dispense l'indulgence[18] ».

Pourtant, Luther se présente comme le défenseur de l'Église et du pape contre les affirmations outran-

18 Joseph Lortz, *La Réforme de Luther*, t. 1, Paris, 1970, p. 286.

cières des prédicateurs d'indulgences. Lorsqu'il adresse ses thèses à l'archevêque de Mayence, il croit sincèrement que le souverain pontife lui donnera raison contre ceux qui nuisent ainsi à la réputation de son Église. En estimant Léon X acquis à sa cause (« si le pape connaissait les exactions… », « le pape voudrait… », « l'intention du pape est nécessairement que… » ; th. 50, 51 et 55), Luther n'use donc pas seulement d'une précaution rhétorique. Pourtant, sous couvert de « préserver le pape des calomnies ou des questions subtiles des laïcs », le docteur en théologie ne manque pas d'adresser des piques sévères au souverain pontife, critiqué pour son opulence et sa rapacité (th. 82-89). Plus fondamentalement, Luther refuse de reconnaître au pouvoir des clés la moindre influence dans l'au-delà (5, 6, 8, 20-22, 34 et 38), et souligne que le pape ne fait qu'annoncer le pardon de Dieu (th. 6 et 38).

Par les *Quatre-vingt-quinze thèses*, Luther ne voulait pas révolutionner l'Église, mais revenir à des conceptions et des pratiques antérieures, purifiées des abus. Pourtant, en s'attaquant au principe même des indulgences, en restreignant la juridiction du pape à l'ici-bas et en critiquant sévèrement le système financier romain, il n'allait pas manquer de s'attirer les foudres des plus hautes instances ecclésiales.

IV. Les *Quatre-vingt-quinze thèses* et les débuts de la Réformation

L'insistance de Luther sur la nécessité d'une pénitence authentique n'était ni nouvelle ni révolutionnaire. Ainsi, dans son sermon du 25 décembre 1509, Jean Geiler de Kaysersberg, l'inlassable pourfendeur des travers de ses contemporains, avait souligné : « Pas d'indulgence sans repentir, ni bonne confession. Hélas, les confesseurs ne te laissent pas le temps de te confesser. Pareils à des oiseleurs, qui tapis derrière leur hutte n'ont qu'une idée en tête : attraper beaucoup d'oiseaux, les confesseurs ne pensent qu'à gagner de l'argent. » (Traduction inédite, Francis Rapp.) Le prédicateur de la cathédrale de Strasbourg n'avait nullement été inquiété pour cette diatribe. Pourtant, la contestation du point théologique *a priori* mineur que constituaient les indulgences entraîna Luther, de rupture en rupture, à être excommunié par une Église qu'il ne cherchait qu'à réformer.

Par ses thèses, rédigées en latin, Luther s'est exprimé sur un sujet encore débattu, il n'a pas cherché tout d'abord à toucher le grand public. On peut lui accorder crédit, lorsqu'il écrit à Léon X, le 30 mai 1518 : « par un miracle dont je suis le premier étonné, le destin a voulu que toutes ces thèses [...] se sont répandues presque dans le monde entier. Je les avais publiées seulement à l'usage de notre Université et rédigées de telle sorte qu'il me paraît incroyable qu'elles puissent être comprises par tous. Ce sont en effet des thèses, non des affirmations théologiques certaines ou des articles de foi, et conformément à l'usage, elles sont présentées d'une façon obscure et énigmatique. Sans cela, si j'avais pu le prévoir, j'aurais assurément veillé à ce qu'elles fussent plus faciles à comprendre[19]. » (De fait, l'impact des thèses fut considérable : réimprimées à la fin de 1517 à Bâle, Nuremberg ou Leipzig, et traduites en allemand, elles furent lues avec avidité par les humanistes : Willibald Pirckheimer, Albert Dürer, mais aussi Érasme qui, le 5 mars 1518, les adressa à Thomas More, l'auteur de *L'Utopie*.)

On relèvera que, dans cette justification, Luther ne s'excuse pas principalement d'avoir, malgré lui, porté sur la place publique un problème qu'il souhaitait aborder de prime abord avec des interlocuteurs compétents par un débat universitaire. Il paraît bien plus regretter que ses thèses aient été diffusées en l'état, car, selon lui, elles ne constituent pas « le moyen le plus adéquat pour instruire le peuple ». D'ailleurs, entre-temps, Luther a mis lui-même ses thèses à la portée du grand public en publiant un *Sermon sur les indulgences et la grâce* qui confirme, en vingt points, les affirmations du débat universitaire : Dieu n'exige du pécheur rien d'autre qu'un repentir sincère ; lui seul peut imposer et remettre – gratuitement – une peine ; « les indulgences ne peuvent

19 WA 1, 528, 37–529, 2 ; traduction Luther, *Œuvres*, t. I, p. 205.

signifier que le relâchement dans l'accomplissement d'œuvres bonnes » (§ IX) ; certes, « il ne faut pas discourir contre les indulgences », mais « il ne faut pas non plus y inciter qui que ce soit », car elles « n'incitent personne à s'amender » (§ XIV) ; mieux vaut donner aux indigents et intercéder pour les âmes, car Luther « ne croit pas » qu'elles permettent de retirer des âmes du purgatoire. Luther ne fait plus référence au pape, mais la conclusion de son *Sermon* est sans ambiguïté : « Certains peuvent bien me traiter d'hérétique, car la vérité fait du tort à leurs finances, je me moque de leurs criailleries[20] ! » (§ XX.)

Or dès le 13 décembre 1517, Albert de Brandebourg avait envoyé les thèses de Luther à Rome, en signalant qu'il répandait de nouvelles doctrines ; pareille dénonciation entraînait automatiquement l'ouverture d'un procès pour soupçon d'hérésie. De son côté, Johann Tetzel fit rédiger des contre-thèses par Konrad Koch (Wimpina), qu'il défendit lors d'une dispute universitaire à Francfort, le 20 janvier 1518. Luther ne les reçut que le 21 mars, et se plaignit des « menaces » et de « l'égarement » des prédicateurs d'indulgences, qui l'attaquaient tant par écrit que du haut de la chaire. Entre-temps, le 3 février 1518, le pape Léon X avait chargé le supérieur général de l'ordre des Augustins de ramener le trublion à la raison. Le procès de Luther ne

20 WA 1, 244, 39-40 ; 245, 28-30 ; 246, 31-33.

fut instruit qu'à partir de mai-juin 1518. Le 23 août, un bref papal chargeait le cardinal Cajetan de se saisir de Luther comme d'un hérétique s'il ne consentait pas à se rétracter. Fort heureusement pour le Réformateur, il bénéficiait de la protection de son souverain, Frédéric le Sage, le puissant prince électeur* de Saxe : le pape recherchait le soutien de l'Électeur, alors que le règne de l'Empereur Maximilien touchait à sa fin. Certes, Frédéric le Sage possédait lui-même une impressionnante collection de reliques dont la visite était réputée procurer d'innombrables années d'indulgences ; toutefois, le souverain était d'autant moins disposé à livrer à Rome l'un des professeurs les plus prometteurs de sa jeune Université de Wittenberg (elle avait été fondée en 1502) que personne n'avait réussi à le convaincre d'erreur.

Aussi, entre 1518 et 1520, on assista à la fois à plusieurs tentatives pour amener Luther à révoquer ses écrits sans heurt et à une série de ruptures et de combats de plume qui durcirent les fronts. En mai 1518, Tetzel publia une « réfutation » du *Sermon sur les indulgences et la grâce*. Très rapidement, les autres adversaires de Luther déplacèrent le débat, qui portait à l'origine sur les indulgences – question pastorale annexe – vers celle, plus fondamentale, de l'autorité dans l'Église et, partant, du pape : depuis la bulle *Unigenitus* de 1343, le pontife pouvait disposer du « trésor de l'Église » (les mérites du Christ et des saints) pour remettre les peines temporelles. En juin, Sylvestre Priérias publia un *Dialogue au sujet de l'autorité du pape*, et Augustin von Alveldt édita un traité *Au sujet du siège apostolique*. Le 12 octobre 1518, le légat pontifical Cajetan, grand interprète de Thomas d'Aquin, rencontra Luther en marge de l'Assemblée d'Empire qui se tenait à Augsbourg. Toutefois, en dépit de la haute tenue théologique du débat, leur entrevue fut un dialogue de sourds : le légat pontifical continuait d'exiger de Luther qu'il se rétractât ; ce dernier affirmait ne pas s'être écarté de l'Écriture et des Pères, et défiait son interlocuteur de prouver qu'il se trompait. Pour Cajetan, le pape pouvait disposer du « trésor de l'Église », et libérer des peines divines par l'indulgence ; pour Luther, le Christ demeurait le seul trésor de l'Église, et « la vérité était maîtresse même du pape »[21]. L'unique victoire de Luther, certes non négligeable, consista en ce que, sans doute sous l'influence de Cajetan, à partir de 1518 la Curie mit un terme aux grandes campagnes d'indulgences qui s'étaient multipliées en Allemagne dans les deux décennies précédentes.

Néanmoins, il est établi que Luther n'a pas voulu rompre de prime abord avec l'Église catholique de son temps : en témoigne, par exemple, sa demande, en janvier 1520, du maintien de l'unité dans l'Église romaine malgré les abus. En 1518 et de nouveau en 1520, il envoya au pape Léon X des lettres où des formules déférentes témoignaient de son désir d'être instruit par le Saint-Père. Il ne s'agit pas de la part de Luther de propos

21 WA 2, 18, 2-3.

purement formels ou de duplicité, même si les considérations tactiques ne sont pas absentes : en octobre 1520, alors même qu'il percevait le pape de manière de plus en plus négative, il continuait de distinguer la personne de ce dernier de son entourage (la Curie) : « Léon, tu te trouves là comme un agneau au milieu des loups, comme Daniel au milieu des lions, et, comme Ézéchiel, tu as ta demeure parmi les scorpions[...] »[22] (Lettre à Léon X, Préface au traité *La liberté du chrétien*).

Luther persista toutefois à faire preuve d'intransigeance, en refusant de se rétracter à moins d'être convaincu par des arguments tirés de l'Écriture. En 1520, dans son traité sur *Les bonnes œuvres*, il fustigea en passant les « hommes insensés » qui veulent « se protéger à l'aide de lettres [d'indulgences] »[23]. Par ailleurs, dès la fin de 1518, il envisageait, avec sérénité, une issue fatale : « [...] j'attends chaque jour une condamnation venue de Rome. C'est pourquoi je prends mes dispositions et je mets tout en ordre afin que, lorsqu'elle viendra, je sois prêt à partir comme Abraham, sans savoir où j'irai, mais ferme dans ma certitude, car Dieu est partout »[24] (lettre à son ami Georges Spalatin, 25 novembre 1518).

Durant ces mêmes années, Luther ne s'est pas cantonné dans l'apologie et la polémique : il a déve-

22 WA 7, 44, 19-20 ; traduction Luther, *Œuvres*, t. I, p. 829.
23 WA 6, 224, 14-16.
24 WA Br n° 112 : 1, 253, 8-11.

loppé une activité d'édification tout à fait remarquable, qui prolonge ses affirmations des *Quatre-vingt-quinze thèses*. En effet, après avoir abattu la « fausse sécurité » des indulgences, il s'employa à réconforter les « consciences inquiètes » pour leur sort dans l'au-delà. Ses « *Sermone* » de 1518-1520, courts traités en allemand destinés à un large public, traitent de la préparation à la mort, de la Passion du Christ, du « saint et vénérable baptême » ou encore du « saint et vénérable sacrement du corps du Christ ». À ceux que la pensée de la mort angoisse, Luther y rappelle inlassablement, à l'aide d'images sans cesse renouvelées, le salut gagné que le Christ a gagné pour eux, et dont les sacrements constituent les signes visibles.

Cette production pastorale, qui fut saluée même par ses opposants, n'empêcha pas son procès en hérésie de suivre son cours. Le 30 août 1519, la Faculté de Théologie de Cologne condamna onze affirmations tirées d'écrits de Luther, et qui traitaient notamment de l'indulgence, du « trésor de l'Église » et du purgatoire. Quelques mois plus tard, la Faculté de Louvain sanctionnait, sur les mêmes thèmes, vingt-six propositions « hérétiques et sentant l'hérésie ». Le 15 juin 1520, la bulle papale *Exsurge Domine* s'en prenait à quarante et une assertions de Luther, et donnait à leur auteur soixante jours pour se rétracter, sous peine d'excommunication. Luther réagit, en prenant la plume « contre la bulle exécrable du pape », et en se mettant sous la protection de l'Empereur Charles Quint, jusqu'à ce qu'on lui ait permis de défendre ses écrits en public. À l'automne de 1520, il demanda par écrit la convocation d'un concile libre, contre Léon X: « [...] il m'a condamné sans m'avoir convoqué, écouté ni convaincu; [...] comme un apostat* et un non-chrétien, il m'ordonne de renier publiquement la foi chrétienne et foule ainsi aux pieds la Sainte Parole de Dieu »[25]. Entre-temps, dans trois grands traités de 1520 (*À la noblesse chrétienne de la nation allemande*, *La papauté de Rome* et *Prélude sur la captivité babylonienne de l'Église*), promis à une large diffusion, Luther s'était attaqué aux prétentions temporelles de la papauté, à l'idée qu'elle était fondée sur l'Écriture et à la « tyrannie » qu'elle exerçait sur l'ensemble de la chrétienté. Dans chacun de ces écrits, il n'avait pas manqué de fustiger aussi les indulgences.

La rupture était désormais inévitable: le 3 janvier 1521, la bulle *Decet romanum pontificem* excommuniait Luther et ses partisans. Toutefois, Frédéric le Sage obtint que Luther fût invité et entendu à Worms, à l'occasion de l'Assemblée des États de l'Empire. Le 18 avril, après avoir été sommé, une fois de plus, de renier le contenu de ses « doctrines et livres », Luther invoqua publiquement sa conscience, « captive de la Parole de Dieu »: à moins d'être convaincu par l'Écriture et par d'« évidentes raisons », il ne pouvait ni ne voulait se rétracter en rien. Le 26 mai 1521, l'édit de Worms mettait Luther au ban de l'Empire, et ordonnait la des-

25 WA 7, 88, 22-26.

truction de ses écrits par le feu. Or, quelques semaines auparavant, le Réformateur avait été mis en sûreté par Frédéric le Sage. De fait, l'immense popularité acquise par Luther depuis 1517 et l'écho rencontré par ses écrits, dans toutes les classes sociales, rendaient désormais impossible d'étouffer « l'affaire Luther ». D'une protestation isolée contre la prédication dévoyée des indulgences était né un ample mouvement de contestation, et ce mouvement évangélique allait donner naissance à des Églises séparées de Rome.

Il n'est pas question d'en brosser ici l'histoire. Contentons-nous de souligner combien Luther s'est souvenu durablement des débuts de son « affaire » et combien il n'a cessé de combattre l'indulgence, tantôt avec indignation, tantôt sur le mode ironique.

Le 1er novembre 1527, le Réformateur célébra à sa manière le dixième anniversaire des *Quatre-vingt-quinze thèses* ; il data en effet de la sorte une lettre à un ami proche : « Le jour de tous les saints, la dixième année du jour où nous avons foulé aux pieds les indulgences, en mémoire desquelles nous avons bu l'un et l'autre pour nous réconforter[26]. »

En 1541, dans un écrit polémique ayant pour thème la question de la « véritable Église », *Contre Jean le pitre* (*Wider Hans Worst*), Luther ne manqua pas de revenir sur le thème des indulgences, second signe selon lui de la « fausseté » de l'« Église papiste », qui avait in-

26 WA Br n° 1164 : 4, 275, 25-27.

troduit des « nouveautés » opposées à l'Évangile : « En second lieu, vous avez proclamé dans le monde entier l'indulgence comme un baptême – et même comme un déluge – qui lave le péché, de sorte qu'il n'y a dans le monde aucun recoin où votre indulgence ne soit vendue ou donnée, et le monde entier est rempli de sceaux et de lettres. Qui vous l'a ordonné ? Où cela est-il écrit ? Où trouvez-vous, dans l'Église ancienne, qu'il vous faille créer ce nouveau baptême et ce lavement des péchés ? Ici, qui est la nouvelle Église hérétique ? N'est-ce pas vous qui êtes l'Église prostituée du diable[27] ? »

Enfin, lorsque, en 1542, Albert de Brandebourg fit transférer en l'église Saint-Martin de Mayence des reliques assorties de « grandes indulgences et grâces », il donna à Luther une dernière occasion de fustiger publiquement les indulgences. Cette fois-ci, le Réformateur remplaça la discussion théologique serrée de 1517 par le sarcasme, puisqu'il dénombrait, dans ces « babioles remarquables », « trois flammes du buisson de Moïse au Sinaï », « toute une livre du vent qui passa en soufflant devant Élie dans la grotte du mont Horeb », ou encore « la pointe intacte de l'étendard avec lequel le Christ a vaincu l'enfer »[28]. Ainsi donc, la question des indulgences, que Luther avait délaissée pour des thèmes plus centraux, n'en restait-elle pas moins révélatrice pour lui de la piété mercantile qu'il n'avait cessé de rejeter.

27 WA 51, 488, 31–489, 18.
28 WA 53, 404, 20-27.

V. Pertinence et actualité des *Quatre-vingt-quinze thèses*

En 1962, dans *La Réformation en Allemagne*, l'historien catholique Joseph Lortz n'hésitait pas à affirmer: « les pratiques dont [Tetzel] s'était fait le promoteur, avec l'approbation des autorités ecclésiastiques, n'étaient souvent chrétiennes que de nom ». Par ses thèses, « Luther ramène brutalement à de plus justes proportions l'accessoire imprudemment élevé à la dignité de principal. Il montre que le cœur de la vie chrétienne est la pénitence vraie, l'amour, la Parole et la grâce de Dieu ». Toutefois, Lortz déplorait que Luther, depuis ses *Quatre-vingt-quinze thèses* jusqu'à sa mort, ait confondu les « faiblesses pratiques » du catholicisme avec « son être véritable »[29].

En 1978, Daniel Olivier, disciple de Lortz et enseignant à l'Institut Supérieur d'Études Œcuméniques à Paris, consacrait un ouvrage à *La foi de Luther*, où il allait plus loin encore: « Ce que [Luther] proposait, dès les thèses sur les indulgences, était de purifier le catholicisme de ses aspects peu évangéliques, pour le ramener à la foi de toujours: "Le vrai trésor de l'Église est le très saint Évangile de la gloire et de la grâce de Dieu. Les indulgences sont peu de choses en comparaison de la grâce de Dieu et de l'amour de la croix". Il n'était pas illégitime de soulever un tel problème. L'anomalie était

29 Citations d'après le tome 1 de l'édition française, *La Réforme de Luther*, Paris, 1970, p. 281 et 289.

plutôt que la papauté de l'époque se considérait au-dessus de toute interpellation[30]. »

Si la papauté du début du seizième siècle n'a pas voulu entendre Luther, que disent les instances du catholicisme contemporain ? Selon Olivier, « le catholicisme de la fin du vingtième siècle est peut-être historiquement le premier capable de saisir, après Vatican II, le sens providentiel de la vocation d'un Luther, appelé à se faire l'avocat de l'Évangile dans l'Église »[31].

Il ne s'agit pas seulement de réhabiliter Martin Luther – sur la condamnation duquel, soit dit en passant, Rome n'est jamais revenue. Il convient bien plutôt de se demander si sa critique des indulgences est devenue caduque, dans une Église catholique qui s'est réformée. Et si, par-delà le problème particulier des indulgences, les *Quatre-vingt-quinze thèses* ont un message à annoncer sur le rapport entre l'homme et Dieu, et entre les êtres humains. S'agit-il uniquement d'un monument de l'histoire du protestantisme, destiné à être commémoré, ou faire mémoire des indulgences a-t-il des incidences sur le présent ?

Des déclarations œcuméniques reconnaissent le bien-fondé du combat de Martin Luther et l'actualité

30 Daniel Olivier, *La foi de Luther. La cause de l'Évangile dans l'Église*, Paris, Beauchesne, 1978, p. 46.

31 *Ibid.*, p. 251.

de maintes de ses interpellations. Ainsi, en 1983, à l'occasion du 500e anniversaire de sa naissance, la Commission mixte catholique-luthérienne a publié un texte déclarant notamment : « L'appel de Luther à la réforme de l'Église, qui était un appel à la pénitence, nous atteint encore. […] [En lisant les écrits de Luther,] des hommes dont la conscience avait souffert sous la contrainte de la loi et des préceptes humains, et qui étaient angoissés par leurs manquements et inquiets pour leur salut éternel purent, en croyant à l'Évangile, compter sur la promesse libératrice de la grâce divine. […] La conception de Luther et sa proclamation de la justification par la foi entrèrent en conflit avec les formes de piété de son temps qui masquaient la gratuité de la justice de Dieu. […] Il nous est possible, aujourd'hui, d'apprendre ensemble de Luther […] : il nous atteste que ce n'est que dans le pardon de Dieu que la vie humaine reçoit son fondement et son espérance[32]. »

Trois ans auparavant, en 1980 – année du 450e anniversaire de la Confession d'Augsbourg* –, lors de sa première rencontre avec des représentants du Conseil de l'Église protestante en Allemagne, le pape Jean-Paul II déclarait, après avoir évoqué le rôle décisif de l'épître aux Romains pour Luther : « À l'école de l'apôtre des nations, nous pouvons prendre conscience que nous avons tous besoin de conversion. Il n'y a pas de vie chrétienne

32 Commission internationale catholique-luthérienne, *Face à l'unité. L'ensemble des textes adoptés (1972-1985)*, Paris, Cerf, 1986, p. 282, 284s. et 290.

sans pénitence. » Sans doute ces propos font-ils écho à la première des *Quatre-vingt-quinze thèses*. Quelques années plus tard, le 21 juin 1996, à l'occasion du 450e anniversaire de la mort du Réformateur, sans « oublier les limites personnelles [de Luther] », le pape relevait : « Son souvenir, après des siècles de douloureux éloignement et de querelles, nous permet de reconnaître aujourd'hui plus clairement la grande valeur que révélaient son exigence d'une théologie proche des Saintes Écritures et sa volonté de renouvellement spirituel[33]. »

Pourtant, un an avant la signature de la *Déclaration commune sur la justification par la foi*[34] (31 octobre 1999), rédigée conjointement par des représentants de la Fédération Luthérienne mondiale et de l'Église catholique romaine, était promulguée la bulle papale fixant le Jubilé de l'an 2000 (29 novembre 1998). En lisant l'annexe portant sur les « Dispositions pour l'obtention de l'indulgence du Jubilé » – l'indulgence étant « un des éléments constitutifs de l'événement jubilaire » –, on y apprenait comment obtenir, à l'aide de pèlerinages, d'actions caritatives et d'autres œuvres, une

33 Voir la préface de Gérard Daucourt à Matthieu Arnold, *Prier 15 jours avec Luther*, Montrouge, Nouvelle Cité, p. 8-9.

34 Église catholique, Fédération luthérienne mondiale, *La doctrine de la justification : déclaration commune*. Préface de Joseph Doré et de Marc Lienhard, Paris, Cerf, 1999 ; voir André Birmelé, « Un progrès décisif après 30 années de dialogue entre Luthériens et Catholiques : la Déclaration commune à propos de la doctrine de la justification », *Positions luthériennes* 45 (1997), p. 280-295.

indulgence plénière pour soi-même ou pour un défunt. À l'automne suivant, peu avant la signature de la *Déclaration commune*, le Vatican annonçait une nouvelle édition du *Manuel des indulgences*.

Fallait-il vraiment s'en étonner ? Le *Catéchisme de l'Église catholique* (1992)[35] ne manque pas de consacrer plusieurs paragraphes aux indulgences, à l'article 4 du chapitre sur les « sacrements de guérison », intitulé : « Le sacrement de Pénitence et de Réconciliation. » Avec la Constitution apostolique « La doctrine des indulgences », le *Catéchisme* définit l'indulgence comme « la rémission devant Dieu de la peine temporelle due pour les péchés dont la faute est déjà effacée, rémission que le fidèle bien disposé obtient à certaines conditions déterminées, par l'action de l'Église, laquelle, en tant que dispensatrice de la rédemption, distribue et applique par son autorité le trésor des satisfactions du Christ et des saints » (§ 1471 ; ce trésor est défini plus en détails aux § 1476 et 1477).

Traitant des « peines du péché », le *Catéchisme* précise : « [...] tout péché, même véniel, entraine un attachement malsain aux créatures, qui a besoin de purification soit ici-bas, soit après la mort, dans l'état qu'on appelle Purgatoire[36]. Cette purification libère de

35 Nous l'avons consulté sur le site http://www.vatican.va/archive/FRA0013/47.HTM

36 Aux §§ 1030 à 1032, le *Catéchisme* traite du purgatoire, en lien avec lequel il recommande « les aumônes, les indulgences et les œuvres de pénitence en faveur des défunts ».

ce qu'on appelle la "peine temporelle" du péché. » (§ 1472.) Le *Catéchisme* rappelle aussi le « constant lien d'amour et [l']abondant échange de tous les biens » qui, dans la communion des saints, existent entre les fidèles qui « sont encore en pèlerinage sur terre » et ceux qui « ont été admis à expier au purgatoire » (§ 1475). Quant à l'indulgence de Dieu, affirme le *Catéchisme* en renvoyant notamment aux décisions du Concile de Trente, elle « s'obtient par l'Église qui, en vertu du pouvoir de lier et de délier qui lui a été accordé par le Christ Jésus, intervient en faveur d'un chrétien et lui ouvre le trésor des mérites du Christ et des saints pour obtenir du Père des miséricordes la remise des peines temporelles dues pour ses péchés » (§ 1478). Cette intervention vaut aussi pour les « fidèles défunts en voie de purification » – c'est-à-dire ceux qui se trouvent dans l'état de purgatoire –, auxquels on peut venir en aide « entre autres en obtenant pour eux des indulgences » (§ 1479).

Certes, dès le Concile de Trente, l'Église catholique romaine, sensible à la critique luthérienne, s'était appliquée à corriger certains abus relatifs aux indulgences. Quatre siècles plus tard, le Concile Vatican II puis le pape Paul VI (Constitution apostolique « La doctrine des indulgences », 1968) avaient prolongé ces efforts, en insistant sur « l'esprit de prière et de pénitence » plus que sur les pratiques méritoires. Par ailleurs, la bulle de 1998 énonce sans ambiguïté que l'indulgence remet seulement « la peine temporelle pour les péchés déjà pardonnés quant à la faute ». Pour autant, comme le *Catéchisme de l'Église catholique* six ans plus tôt, elle n'en admet pas moins explicitement la notion d'un « trésor de l'Église », et elle n'écarte pas l'idée que les vivants puissent obtenir des indulgences pour les défunts.

D'ailleurs, la critique de Luther ne portait-elle que sur les abus de la prédication des indulgences ? Nous avons vu plus haut que, dès les *Quatre-vingt-quinze thèses*, il n'en était rien.

Aussi, dans l'esprit des *Quatre-vingt-quinze thèses*, le théologien Pierre Bühler a fait l'analyse critique de la bulle papale et du nouveau *Manuel des indulgences*, et émis une protestation se voulant œcuménique. Comme le Réformateur, il se demande ce qui « nous permet de considérer [...] que la juridiction de l'Église s'étend [...] jusqu'à l'au-delà »[37]. À partir de l'énumération très détaillée des « œuvres à accomplir pour obtenir l'indulgence du Jubilé », il s'interroge sur le lien, problématique, entre purification et œuvres intéressées et comptabilisées : « En rappelant que la pénitence caractérise la vie tout entière, [les *Quatre-vingt-quinze thèses*] jettent un regard critique sur le fait d'associer le processus existentiel de pénitence, de conversion, à l'accomplissement d'œuvres extérieures,

37 Pierre Bühler, *Le protestantisme contre les indulgences. Un plaidoyer pour la justification par la foi*, Genève, Labor et Fides, 2000, p. 41.

ritualisées, institutionnalisées, dans un étrange amalgame d'œuvres religieuses, d'œuvres de piété et d'œuvres morales. [...] une pénitence comptabilisée n'est pas une véritable pénitence. [...] Les œuvres ne deviennent bonnes que si elles peuvent se faire de manière désintéressée, parce qu'elles s'imposent spontanément pour le bien des humains et du monde, et non pour le salut de celui qui les accomplit[38]. »

Les *Quatre-vingt-quinze thèses* ont pour fonction durable de rappeler aux croyants que le salut ne s'assure pas ni ne se marchande, par quelque œuvre que ce soit, mais qu'il se reçoit : « À juste titre, Luther souligne que cette perspective d'une réceptivité fondamentale est plus difficile que celle d'une activité comptable, qui nous est plus naturelle[39]. » Quant à la véritable et unique indulgence, le pardon et la grâce de Dieu manifestés en Jésus-Christ, elle ne saurait être fragmentée pour être distribuée en d'innombrables indulgences. L'Église n'est pas le gestionnaire de l'au-delà, mais le porte-parole de l'Évangile ici-bas ; elle ne procure pas le salut, elle ne l'administre pas, mais il lui appartient de l'annoncer, par des paroles qui ébranlent les fausses sécurités et qui apaisent les consciences inquiètes : n'est-ce pas ce que Luther entendait, lorsqu'il écrivait « le vrai trésor de l'Eglise, c'est le sacro-saint Évangile de la gloire et de la grâce de Dieu » (th. 62) ?

38 *Ibid.*, p. 82-83 et 128.
39 *Ibid.*, p. 85.

Ces mises au point ont-elles été entendues ? La proposition, par Pierre Bühler, d'un « Jubilé de la justification par la foi » n'a guère trouvé d'écho, et les indulgences continuent de jouer, dans certains milieux, un rôle non négligeable pour la piété. Quelques années après la protestation du théologien suisse, on pouvait encore lire, dans *Le Messager des Âmes du Purgatoire*, le commentaire suivant sur un hymne du seizième siècle adressé à Marie pour les âmes du purgatoire : « Les Âmes du purgatoire nous sont unies par les liens de la fraternité. Parmi ces voix qui appellent ne retrouvez-vous pas la voix d'un frère, d'une sœur, d'un enfant chéri, d'un époux, d'une épouse bien-aimée [...] ? Ce cri du sang, cette voix de la famille, que vous dit-elle ? "Viens, viens à mon secours : il y a longtemps que je t'appelle, je n'ai que toi et tu ne viens pas. Viens donc avec ton cœur, avec ta prière, avec tes bonnes œuvres, avec ton dévouement ; viens m'arracher à ces brûlants abîmes, viens me donner le Ciel, Dieu, l'Éternité, viens !" » Ainsi, ce petit périodique maintenait l'existence du purgatoire et continuait de le tenir pour un lieu de tourments. Toutefois, c'est à la prière et aux bonnes œuvres seules que l'auteur confiait le soin de retirer les âmes souffrantes de ce lieu afflictif. Aujourd'hui, ce sont des sites Internet qui proposent des litanies pour les âmes qui souffrent au purgatoire, en faisant miroiter aux intercesseurs qu'en retour, ils bénéficieront de tout ce dont ils ont besoin : « l'on peut légitimement et très utilement invoquer les âmes du purgatoire, pour obtenir de Dieu les grâces et les faveurs dont on a besoin, soit pour l'âme, soit pour le corps »[40].

Aussi, à bien des égards, les *Quatre-vingt-quinze thèses* conservent-elles leur actualité. Par-delà la question des indulgences, elles mettent en garde contre la tentation d'une compréhension magique de Dieu : mettre la main sur lui, en accordant à des pratiques ou à des objets des effets spirituels automatiques ; vénérer les créatures au lieu de rendre au Créateur le culte qui lui revient ; oublier que la foi est une relation de confiance envers un vis-à-vis souverain, et non pas un rapport de marchandage. Sans cesse, il est nécessaire de rappeler aux chrétiens la critique des *Quatre-vingt-quinze thèses*, ainsi que leur corollaire positif de la gratuité – qui ne signifie aucunement absence de valeur – de l'Évangile du pardon : de même que la vie tout entière est pénitence, tout entière elle est lutte contre la tentation humaine, toujours renouvelée, de se faire un Dieu à son image.

Plus encore, la portée des *Quatre-vingt-quinze thèses* dépasse même le cadre des Églises. Nous vivons dans un monde obsédé par le souci – à court terme – du profit économique et de la rentabilité, au détriment de la considération pour les humains, marqué par l'individualisme voire l'égoïsme, et qui aurait un urgent besoin que les hommes se réconcilient avec Dieu, avec eux-

40 http://jesusmarie.free.fr/purgatoire_un_mois_avec_les_ames_du_purgatoire.html

mêmes et avec leurs semblables – sans même parler de l'ensemble de la création. Dans ce contexte, le message de l'amour sans condition de Dieu, du salut gratuit et des œuvres de solidarité envers le prochain qui en découlent, ainsi que les paroles de pardon et de réconciliation de l'Évangile nous semblent conserver toute leur pertinence[41].

41 Nous nous réjouissons de ce que ce message vienne d'être développé avec enthousiasme et espérance dans une belle dogmatique, à visée résolument œcuménique même si son auteur ne renie nullement ses racines luthériennes: André Birmelé, *L'horizon de la grâce*, Paris : Cerf – Lyon : Olivétan, 2013.

LES QUATRE-VINGT-QUINZE THÈSES

Par amour de la vérité, et par souci de la montrer clairement, les [thèses] rédigées ci-après seront débattues[1] à Wittenberg, sous la présidence du R[évérend] P[ère] Martin Luther, Maître ès arts et en théologie, et lecteur ordinaire de cette même théologie en ce même lieu. C'est pourquoi il demande à ceux qui ne peuvent être présents pour en débattre de vive voix de le faire, absents, par écrit. Au nom de notre Seigneur Jésus-Christ. Amen[2].

1. Notre Seigneur et maître Jésus-Christ, en disant « Faites pénitence, etc. » (Mt 4.17), a voulu que la vie tout entière des fidèles soit une pénitence.

---

1 Latin : *disputare*. Les *Quatre-vingt-quinze thèses* ont été rédigées dans le cadre d'une *disputatio*. Nous rendons le verbe par « débattre », et le substantif par « débat universitaire » (on pourrait presque dire aujourd'hui : « soutenance de thèse »).

2 Certaines éditions du seizième siècle ne comportent pas ce préambule.

2. On ne peut comprendre cette parole comme s'appliquant à la pénitence sacramentelle[3] – c'est-à-dire, à la confession et à la satisfaction*, célébrées par le ministère des prêtres.

3. Cependant, elle ne vise pas seulement la [pénitence] intérieure : bien plus, la [pénitence] intérieure est nulle si elle ne produit pas extérieurement diverses mortifications de la chair.

4. C'est pourquoi la peine demeure aussi longtemps que demeure la haine de soi (c'est-à-dire la vraie pénitence à l'intérieur)[4], autrement dit jusqu'à l'entrée dans le Royaume des cieux.

5. Le pape ne peut ni ne veut remettre aucune peine, excepté celles qu'il a imposées de sa propre volonté ou [conformément] aux canons*.

6. Le pape ne peut remettre aucune faute[5] si ce n'est en déclarant et en approuvant [la peine] remise

---

3 C'est pourquoi, dans sa traduction du Nouveau Testament de 1522, Luther traduira l'appel de Jésus par « améliorez-vous », afin de bien montrer que la repentance exigée par Jésus ne se confondait pas avec le seul sacrement de la pénitence.

4 Précision capitale pour comprendre ce que veut dire Luther : c'est en tant que pécheur que l'être humain doit se haïr

5 Latin *culpa*, coulpe*. Dans son *Sermon sur la pénitence* de 1518, Luther explicitera son propos : « Il y a deux pardons dans le sacrement de la pénitence : la remise de la peine et le pardon de la faute. [...] La remise de la peine a beaucoup moins d'importance et infiniment moins de valeur que le pardon de la faute ; celui-ci pourrait être appelé indulgence divine ou céleste, car personne ne peut l'accorder hormis Dieu seul du haut du ciel. » (WA 2, 714,

par Dieu ou, en tout cas, en remettant les cas qu'il s'est réservés[6] ; si ces derniers étaient méprisés, la faute subsisterait intégralement.

7. Dieu ne remet intégralement sa faute à personne qu'il ne soumette en même temps, humilié en toutes choses, au prêtre son vicaire[7].

8. Les canons pénitentiels sont imposés seulement aux vivants, et rien ne doit être imposé aux mourants selon ces mêmes canons[8].

9. De là vient que l'Esprit saint nous accorde un bienfait en ce que, dans ses décrets, le pape excepte toujours l'article de mort et de nécessité.

10. Ils agissent de manière ignorante et mauvaise, les prêtres qui réservent aux mourants des pénitences canoniques pour le purgatoire[9].

3-5.7-11 ; Luther, *Œuvres*, t. I, p. 275.) Dans les *Quatre-vingt-quinze thèses*, Luther s'oppose à l'idée, développée par Albert de Brandebourg dans son *Instruction sommaire* aux prédicateurs d'indulgences, selon laquelle l'indulgence plénière libérerait de la peine *et* de la faute.

6 Cas réservés : péchés, tels que les crimes graves, que seul le pape pouvait absoudre.

7 Il ne s'agit donc pas de supprimer la pénitence ni le rôle des prêtres.

8 Les canons pénitentiels, qui puisaient à la source des règlements pénitentiels de l'Église ancienne, connurent une large diffusion entre le sixième et le douzième siècle ; ils permettaient de tarifer la pénitence en fonction des péchés commis.

9 Cette thèse semble tenir le purgatoire pour acquis, mais rejeter le fait que des peines puissent se prolonger dans l'au delà. Rappelons qu'au début du seizième siècle, l'application des indulgences aux

11. Assurément, il apparaît que cette zizanie relative à la transformation de la peine canonique en peine pour le purgatoire a été semée tandis que les évêques dormaient[10].

12. Jadis, les peines canoniques étaient imposées non pas après, mais avant l'absolution, comme des preuves d'une contrition* véritable.

13. Par la mort, les mourants s'acquittent de tout, et ils sont déjà morts aux lois des canons, dont ils sont, à bon droit, libérés[11].

14. La santé imparfaite[12] ou [en d'autres termes] la charité du mourant porte avec elle une grande crainte ; cette dernière est d'autant plus grande que la première elle-même est petite.

15. Cette crainte, cette épouvante[13], suffit à elle seule (sans même parler du reste) pour constituer la peine du purgatoire, vu qu'elle est la plus proche de l'horreur du désespoir[14].

---

défunts restait contestée ; parmi ses défenseurs, on trouve un des futurs adversaires de Luther, Jean Eck.

10 Ironique : les évêques sont responsables, au sein de leur diocèse, tant de la doctrine que de la discipline.

11 Luther emploie un vocabulaire juridique, puisqu'il parle de « relaxe » (*relaxatio*).

12 Il s'agit de sa santé spirituelle, comme l'explicite ce qui suit.

13 Latin : *timor* et *horror*. Il y a une gradation dans le propos de Luther. Nous avons signalé plus haut (voir Introduction, p. 16) combien les sermons de la fin du Moyen Âge attisaient la crainte voire l'horreur du purgatoire, lieu proche de l'enfer par les tourments qu'on y subissait.

14 À la fin du Moyen Âge, les manuels consacrés à l'art de bien mourir

16. L'enfer, le purgatoire et le ciel diffèrent de la même manière que le désespoir, le quasi-désespoir et la tranquillité[15].

17. Il semble nécessaire aux âmes du purgatoire que, de même que l'épouvante diminue, la charité augmente.

18. Et il ne semble pas prouvé, par quelque raison ou quelque argument tiré des Écritures que ce soit, que [ces âmes] se trouvent hors de l'état de mérite et de croissance de la charité.

19. Et il ne semble pas prouvé que – en tout cas dans leur totalité – elles soient assurées et sûres de leur béatitude, même si, nous-mêmes, nous en sommes absolument certains.

20. C'est pourquoi, par « rémission plénière de toutes les peines », le pape entend non pas purement et simplement toutes [les peines], mais seulement celles qu'il a imposées lui-même[16].

---

mettaient les fidèles en garde contre les tentations de désespérer de l'amour de Dieu et de s'attacher aux biens terrestres plus qu'au Créateur.

15 Latin : *securitas* (tranquillité [de l'âme]) ; il ne s'agit pas ici d'une sécurité trompeuse, au contraire de celle conférée par les indulgences, et que Luther critique tout au long de ses thèses (voir par ex. les thèses 32 et 95).

16 Cette thèse complète les thèses 5 et 6. L'indulgence plénière libère celui qui en bénéficie de la *totalité* de la peine temporelle qui lui a été imposée pour ses péchés, par opposition à l'indulgence partielle, qui n'en affranchit que partiellement.

21. Ils se fourvoient donc, les prédicateurs d'indulgences[17] qui disent que, par les indulgences du pape, l'homme peut être acquitté de toute peine et être sauvé[18].

22. Bien plus, il[19] ne remet aux âmes qui sont dans le purgatoire aucune [peine] dont elles auraient dû s'acquitter dans cette vie selon les canons.

23. Si jamais[20] une rémission d'absolument toutes les peines peut être accordée à quelqu'un, il est certain qu'elle ne l'est qu'aux plus parfaits, c'est-à-dire aux moins nombreux.

24. C'est pourquoi, nécessairement, la majeure partie du peuple est trompée par cette promesse générale et merveilleuse de l'acquittement de toute peine.

25. Le pouvoir qu'a le pape sur le purgatoire en général, l'évêque et curé l'ont en particulier dans leur diocèse et leur paroisse.

---

17 Tout au long des *Quatre-vingt-quinze thèses*, Luther emploie tantôt le terme *indulgentia*, tantôt le terme *venia*, qui a aussi le sens de « pardon, indulgence ».

18 Luther emploie les verbes *solvi* et *salvari* ; il ne nous a pas été possible de rendre cette allitération. Dans sa lettre à Albert de Brandebourg, Luther écrit pareillement : « [...] les indulgences ne confèrent aux âmes rien qui serve à leur salut et à leur sanctification, mais elles dispensent seulement de la peine extérieure [...]. » (WA Br n° 48 : 1, 111, 33-34 ; MLO VIII, p. 19.)

19 Le pape.

20 Phrase hypothétique : même avec cette concession, la rémission ne concerne qu'un petit nombre.

26. Le pape fait excellemment lorsqu'il donne aux âmes la rémission non pas en vertu du pouvoir des clés (qu'il n'a aucunement[21]), mais par mode d'intercession[22].

27. C'est l'homme qu'ils prêchent, ceux qui disent qu'aussitôt que tintera l'argent jeté dans la caisse, l'âme s'envolera [du purgatoire][23].

28. Il est certain que, dès que l'argent tinte dans la caisse, le gain et la cupidité[24] peuvent être accrus ;

---

21 Dans son traité sur *La papauté de Rome* (1520), Luther précisera que le Christ, en Mt 16.18-19, « attribuait les clefs à saint Pierre en tant que représentant de la communauté tout entière, et non en tant que personne » (WA 6, 309, 28-30 ; Luther, *Œuvres*, t. I, p. 569), ce qui prouve que tous les apôtres sont égaux à Pierre et que le pape n'a pas le monopole du pouvoir des clés.

22 Sur la discussion au sujet du mode selon lequel le pape peut agir sur le sort des défunts dans le purgatoire, voir plus haut, l'Introduction, p. 18-19.

23 Lettre à Albert de Brandebourg : « [Les malheureuses âmes, fourvoyées par les prédicateurs d'indulgences] croient aussi que les âmes s'échappent du purgatoire aussitôt qu'on a mis un denier dans la caisse. » (WA Br n° 48 : 1, 19-21 ; MLO VIII, p. 19.) Selon Joseph Lortz (*La Réforme de Luther...*, t. 1, p. 284), « il est démontré que [Tetzel] enseigna en substance que l'âme bondit hors du purgatoire au premier tintement de la monnaie dans le tronc ». Pour d'autres auteurs, Tetzel aurait contesté cette affirmation. – Le prix des indulgences variait en proportion de la richesse des fidèles ; elles revenaient à un demi florin pour les humbles, et à vingt-cinq pour les puissants (rois, princes, évêques) – ce qui restait une somme importante pour les premiers.

24 L'*avaritia* comptait au nombre des sept péchés capitaux.

mais l'intercession de l'Église dépend de la volonté[25] de Dieu seul.

29. Qui sait si toutes les âmes du purgatoire veulent être rachetées, ainsi qu'on le raconte de saint Séverin et de saint Pascal.

30. Personne n'est sûr de la vérité de sa contrition*, et combien moins encore de l'obtention de la rémission plénière [de ses fautes][26].

31. Autant est rare quelqu'un de vraiment pénitent, autant est rare quelqu'un qui acquiert véritablement des indulgences – c'est-à-dire qu'il est rarissime.

32. Ils seront damnés pour l'éternité avec leurs maîtres, ceux qui croient, par des lettres d'indulgences, être sûrs de leur salut[27].

33. Il faut se méfier grandement de ceux qui disent[28] que ces indulgences du pape sont ce don de Dieu inestimable par lequel l'homme est réconcilié avec Dieu.

---

25 En latin, *arbitrium* ; terme important pour Luther, qui rappellera avec force contre l'humaniste Érasme, en 1525, qu'en dernière instance, le salut de l'être humain dépend de la volonté Dieu et non pas de la sienne propre.

26 Lettre à Albert de Brandebourg : « […] l'apôtre nous commande de travailler à notre salut avec crainte et tremblement [Ph 2.12] ; et c'est à peine que le juste sera sauvé [1 P 4.18]. » (WA Br n° 48 : 1, 111, 28-30 ; MLO VIII, p. 19)

27 Lettre à Albert de Brandebourg : « Ces malheureuses âmes se figurent que, si elles achètent des lettres d'indulgences, elles sont sûres de leur salut. » (WA Br n° 48 : 1, 111, 18-20 ; MLO VIII, p. 19.)

28 Allusion à l'*Instruction sommaire* d'Albert de Brandebourg.

34. En effet, ces grâces des indulgences concernent seulement les peines de la satisfaction sacramentelle, instituées par l'homme.

35. Ils prêchent des choses qui ne sont pas chrétiennes, ceux qui enseignent que la contrition n'est pas nécessaire à ceux qui vont racheter des âmes ou [acquérir] des billets de confession[29].

36. N'importe quel chrétien, vraiment repentant, a la rémission plénière de la peine et de la faute : elle lui est due même sans lettres d'indulgences.

37. N'importe quel authentique chrétien, qu'il soit vivant ou mort, a la participation à tous les biens du Christ et de l'Église : elle lui est donnée par Dieu, même sans lettres d'indulgences.

38. Toutefois, la rémission du pape et la participation [à ce qu'il donne] ne sont en aucune manière à mépriser, parce que (comme je l'ai dit), elles sont une annonce de la rémission divine[30].

39. Il est extrêmement difficile, même aux théologiens les plus savants, d'exalter en même temps, devant

29 Lettre à Albert de Brandebourg : « Il y [l'*Instruction sommaire*] est dit aussi que la contrition n'est pas nécessaire pour ceux qui acquièrent des indulgences ou des billets de confession. » (WA Br n° 48 : 1, 112, 51-52 ; MLO VIII, p. 20.) Les billets ou lettres de confession, *confessionalia*, permettaient à leurs possesseurs de choisir leur confesseur, qui avait le pouvoir de les absoudre même dans les cas réservés.

30 Important : le pape ne peut pas dispenser le salut, qui vient de Dieu seul, mais il l'annonce.

le peuple, la largesse des indulgences et la vérité de la contrition[31].

40. La vérité de la contrition recherche les peines et les aime, mais la largesse des indulgences les fait négliger et haïr – du moins en donne-t-elle l'occasion.

41. C'est avec prudence qu'il faut prêcher les indulgences apostoliques, afin que le peuple ne comprenne pas, faussement, qu'elles sont préférées aux autres bonnes œuvres de la charité[32].

42. Il faut enseigner aux chrétiens que le pape n'a pas l'intention que l'on compare, en quelque manière que ce soit, le fait d'acheter des indulgences et celui [d'accomplir] les œuvres de la miséricorde.

43. Il faut enseigner aux chrétiens que celui qui donne à un pauvre ou prête à un nécessiteux fait mieux que s'il achetait des indulgences[33],

---

31 Luther veut dire qu'il est quasiment impossible de concilier le pardon à bon marché des indulgences et la voie, autrement plus exigeante, qui passe par la contrition.

32 Lettre à Albert de Brandebourg : « [...] les œuvres de la piété et de la charité sont infiniment meilleures que les indulgences » (WA Br n° 48 : 1, 111, 37-38 ; MLO VIII, p. 19).

33 Des historiens tels que Francis Rapp (*L'Église et la vie religieuse...*) ou Jacques Chiffoleau (*La comptabilité de l'au-delà*, Paris, Albin Michel, 2011) ont montré que, vers la fin du Moyen Âge, les dons charitables avaient décru au profit des « investissements » pour l'au-delà : dans leurs testaments, les fidèles léguaient des sommes plus faibles aux pauvres, et achetaient des messes qui seraient dites – souvent par milliers – pour le salut de leur âme.

44. parce que, par l'œuvre de la charité, la charité grandit et l'homme devient meilleur ; en revanche, par les indulgences, il ne devient pas meilleur, mais il est seulement plus libre à l'égard de la peine.

45. Il faut enseigner aux chrétiens que celui qui voit un nécessiteux et, sans se soucier de lui, donne pour les indulgences, réclame[34] pour lui-même non pas les indulgences du pape, mais le courroux de Dieu.

46. Il faut enseigner aux chrétiens que s'ils n'ont pas de biens superflus en abondance, ils sont tenus de conserver chez eux ce qui leur est nécessaire et de ne le dilapider en aucune manière pour les indulgences[35].

47. Il faut enseigner aux chrétiens que l'achat des indulgences est libre et non pas ordonné.

48. Il faut enseigner aux chrétiens qu'en donnant des indulgences, le pape a le besoin et le désir plus d'une prière ardente que d'argent dont il puisse disposer.

49. Il faut enseigner aux chrétiens que les indulgences du pape sont utiles s'ils ne placent pas leur confiance en elles, mais qu'elles sont les plus nuisibles si, par elles, ils perdent la crainte de Dieu.

---

34 Littéralement, « revendique en justice » : pour Luther, celui qui ne fait qu'un usage égoïste de son argent a droit non pas à l'indulgence, mais à la colère de Dieu.

35 Cette thèse prolonge et complète la précédente : le croyant est invité à donner aux nécessiteux, mais, pour autant, il ne doit pas se plonger dans la misère – et ce, d'autant moins pour acquérir des indulgences !

50. Il faut enseigner aux chrétiens que si le pape connaissait les exactions des prédicateurs d'indulgences, il préférerait que la Basilique Saint-Pierre parte en cendres plutôt que d'être construite avec la peau, la chair et les os de ses brebis[36].

51. Il faut enseigner aux chrétiens que le pape voudrait – ainsi qu'il le doit –, même s'il était nécessaire pour cela de vendre la Basilique Saint-Pierre, donner de son argent à un grand nombre de ceux auxquels les prédicateurs d'indulgences soutirent leur argent[37].

52. Il est vain de croire au salut par les lettres d'indulgences, quand bien même le commissaire – ou mieux, le pape en personne – donnerait pour elles son âme en gage.

53. Ils sont ennemis du Christ et du pape, ceux qui, à cause de la prédication des indulgences, ordonnent de taire entièrement, dans les autres églises, la Parole de Dieu[38].

---

36 Commentant les paroles du Christ ressuscité à Pierre, en Jn 21.15-17 : « Simon, fils de Jean, m'aimes-tu ? [...] Pais mes brebis », Luther affirmera, dans son écrit sur *La papauté de Rome* (1520) : « [...] là où il n'y a pas d'amour, il ne peut être question de "paître" : pour cette raison, il faut que la papauté soit amour ou elle ne peut point paître, et si la phrase "pais mes brebis" institue le siège pontifical, alors il en résulte qu'il y a autant de papes qu'il y a d'hommes qui aiment le Christ et paissent des brebis. » (WA 6, 319, 3-7 ; Luther, *Œuvres*, t. I, p. 581.)

37 Lorsque, en 1541, Luther reviendra sur les événements de 1517 dans un récit polémique, il qualifiera Tetzel de « videur de bourses » (voir WA 51, 540, 8).

38 L'*Instruction sommaire* prescrivait que les indulgences fussent

54. On fait injure à la Parole de Dieu lorsque, dans le même sermon, on consacre aux indulgences autant ou plus de temps qu'à elle.

55. L'intention du pape est nécessairement que si l'on célèbre les indulgences, qui sont très peu de choses, au moyen d'une cloche, d'une procession et d'une cérémonie, il faut prêcher l'Évangile, qui est la chose la plus grande, au moyen de cent cloches, de cent processions et de cent cérémonies[39].

56. Les trésors de l'Église d'où le pape donne les indulgences n'ont pas été suffisamment définis dans le peuple ni connus de lui.

57. Il est manifeste que ce ne sont certainement pas des [trésors] temporels, car beaucoup de prédicateurs ne les prodiguent pas facilement, mais ils les amassent seulement.

58. Et ce ne sont pas les mérites du Christ et des saints, car ces derniers opèrent toujours, sans le pape, la grâce de l'homme intérieur, et la croix, la mort et l'enfer de l'homme extérieur[40].

---

prêchées dans des églises précises et à des moments déterminés ; durant ces moments, il ne fallait pas prêcher dans les autres églises du lieu.

39 Lettre à Albert de Brandebourg : « Quelle honte [...], et quel péril pour un évêque, si, passant l'Évangile sous silence, il permet seulement au vacarme des indulgences de se répandre dans son peuple et se préoccupe davantage de cela que de l'Évangile ! » (WA Br n° 48 : 1, 112, 42-45 ; MLO VIII, p. 20.).

40 Quelques années plus tard, dans son traité *La liberté du chrétien*

59. Saint Laurent a dit que les trésors de l'Église étaient les pauvres de l'Église, mais il a parlé en employant ce terme conformément à l'usage de son époque[41].

60. Sans audace excessive, nous disons que les clés de l'Église (données par le mérite du Christ) sont ce trésor.

61. En effet, il est clair que le seul pouvoir du pape suffit pour la rémission des peines et des cas [réservés].

62. Le vrai trésor de l'Église[42], c'est le sacro-saint Évangile de la gloire et de la grâce de Dieu.

63. Mais cet [Évangile] est avec raison le plus odieux [aux hommes], car il fait des premiers les derniers [Mt 19.30].

64. Tandis que le trésor des indulgences est avec raison le plus agréable, car il fait des derniers les premiers.

(1520), Luther reprendra cette distinction entre l'homme intérieur et l'homme extérieur pour affirmer, à nouveau, que le salut offert par pure grâce ne dispense pas l'être humain d'une éthique exigeante : cette dernière est la conséquence du salut qui, reçu dans la foi, rend l'homme intérieur libre.

41 Sur la valorisation des pauvres (et, partant, de l'aumône) au Moyen Âge, on renverra par exemple aux sermons de Geiler de Kayserberg, prédicateur de la cathédrale de Strasbourg : Geiler invitait à donner sans compter aux miséreux, sous les traits desquels le Christ allait à la rencontre des croyants. De manière plus générale, les prédicateurs ne manquaient pas d'inviter les riches à la charité, parfois en de vigoureuses exhortations.

42 Le « vrai trésor de l'Église », par opposition aux « trésors de l'Église d'où le pape donne les indulgences » (thèse 56).

65. Par conséquent, les trésors de l'Évangile sont les filets avec lesquels on péchait autrefois des hommes pourvus de biens [voir Mt 4.19].

66. Les trésors des indulgences sont les filets avec lesquels on pêche maintenant les biens des hommes.

67. Les indulgences, que les prédicateurs présentent à grands cris comme les grâces les plus grandes[43], sont comprises justement comme telles dans la mesure où elles procurent un gain.

68. Pourtant, elles sont en réalité bien peu de choses comparées à la grâce de Dieu et à la miséricorde[44] de la croix.

69. Les évêques et les curés sont tenus de recevoir les commissaires des indulgences apostoliques avec tout le respect [qui leur est dû].

70. Mais ils sont tenus bien d'avantage de veiller, de tous les yeux et toutes leurs oreilles, à ce que ces derniers ne prêchent pas leurs rêveries à la place du mandement du pape.

71. Celui qui parle contre la vérité des indulgences apostoliques, qu'il soit anathème* et maudit.

---

43 Conformément aux directives de l'*Instruction sommaire*.

44 Nous préférons rendre « *pietas* » par « miséricorde », sens que ce terme pouvait revêtir à la fin du Moyen Âge, plutôt que par « piété » : la « piété de la croix » laisserait entendre un type de relation humaine à Dieu, alors que, associée à la « grâce de Dieu », la « miséricorde de la croix » renvoie à une attitude divine, manifestée par la mort de Jésus sur la croix.

72. Mais celui qui s'applique contre l'envie effrénée et la licence verbale du prédicateur d'indulgences, qu'il soit béni.

73. De même que le pape fulmine justement contre ceux qui usent de quelque machination que ce soit pour frauder dans le commerce des indulgences,

74. à combien plus forte raison entend-il fulminer contre ceux qui, sous le prétexte des indulgences, machinent pour frauder en matière de sainte charité et vérité.

75. Croire que les indulgences papales sont telles qu'elles pourraient libérer un homme, même si ce dernier avait violé la mère de Dieu – ce qui est chose impossible ! –, c'est délirer[45].

76. Nous disons au contraire que les indulgences papales ne peuvent pas même effacer le plus petit des péchés véniels[46] en matière de faute.

---

45 Lettre à Albert de Brandebourg : « De plus, cette grâce attachée aux indulgences serait telle [selon les prédicateurs], que tout péché, si grand soit-il, pourrait être absous, même si quelqu'un (ce sont leurs propres paroles) avait violé la mère de Dieu. » (WA Br n° 48 : 1, 111, 21-23 ; MLO VIII, p. 19.).

46 À la fin de son commentaire des *Sept psaumes de la pénitence*, Luther avait critiqué la distinction entre péché véniel* et péché mortel* : « [...] il est fort dangereux de parler de péchés véniels, si de là on veut obtenir une sécurité et un faux réconfort, qui, dès lors, militent contre la crainte de Dieu et enseignent à mépriser secrètement le jugement de Dieu. En effet, puisque l'homme devra rendre compte, au jour du jugement, de toute parole vaine [Matthieu 12.36], qui sera assez téméraire pour ne pas vouloir se

77. Ce que l'on dit, à savoir que si saint Pierre était maintenant le pape, il ne pourrait pas donner de grâces plus grandes[47], est un blasphème contre saint Pierre et contre le pape.

78. Nous disons, au contraire, que lui, comme n'importe quel pape, a des [grâces] plus grandes : l'Évangile, les vertus [spirituelles], les dons de guérison, etc., ainsi qu'il est écrit en 1 Corinthiens 12 [v. 28].

79. Dire que la croix érigée de manière éclatante dans les armes du pape vaut autant que la croix du Christ est un blasphème.

80. Qu'ils en rendent compte [devant Dieu], les évêques, les curés et les théologiens qui permettent que de tels propos circulent dans le peuple[48].

---

garder avec crainte des péchés véniels ou les déplorer, et ainsi, dans la crainte et l'humilité, avoir un désir ardent de miséricorde et de grâce ? » (WA 1, 220, 17-23 ; traduction MLO I, p. 91.).

47 Dans *Contre Jean le pitre* (1541), Luther fait de Tetzel l'auteur de cette affirmation ainsi que de celles qu'il cite aux thèses 75 et 79 : « Toutefois, j'avais entendu combien Tetzel avait prêché des articles abominables et horribles, et je veux à présent en citer quelques-uns : il avait reçu du pape une grâce et un pouvoir tels que, quand bien même quelqu'un aurait déshonoré ou rendu enceinte la sainte Vierge Marie, mère de Dieu, il pourrait le lui pardonner si cette personne mettait dans le tronc ce qu'il convenait. De même, que la croix rouge de l'indulgence, portant les armoiries du pape, qui était érigée dans les églises, avait autant de force que la croix du Christ. De même, que si S[aint] Pierre était maintenant ici, il n'aurait pas plus de grâce ni de pouvoir que lui [Tetzel]. » (WA 51, 539, 12-20.).

48 Lettre à Albert de Brandebourg : « Ah ! mon Dieu, c'est ainsi que les âmes confiées à vos soins, excellent père, apprennent à

81. Cette prédication déréglée des indulgences fait qu'il n'est pas facile, même pour des hommes savants, de préserver le respect dû au pape des calomnies ou des questions assurément subtiles des laïcs.

82. À savoir: pourquoi le pape ne vide-t-il pas le purgatoire à cause de la très sainte charité et de la très grande nécessité dans laquelle se trouvent les âmes – il s'agit là du motif le plus juste entre tous – s'il rachète des âmes en nombre infini à cause du très funeste argent, afin de construire la basilique [Saint-Pierre] – ce qui est le motif le plus futile ?

83. De même: pourquoi les obsèques et les [messes] anniversaires des défunts subsistent-ils, et pourquoi [le pape] ne rend-il pas ou ne permet-il pas de récupérer les bénéfices fondés pour ces cérémonies, alors qu'il est déjà injuste de prier pour des rachetés[49] ?

84. De même: quelle est cette nouvelle miséricorde de Dieu et du pape, en vertu de laquelle ils concèdent, à cause de l'argent, à un impie et à un ennemi [de Dieu] de racheter une âme pieuse et amie de Dieu, alors qu'ils ne rachètent pas, par une charité gra-

---

marcher vers la mort ! Et ainsi s'accroît sans cesse votre lourde responsabilité envers tous ceux dont vous aurez à rendre compte. » (WA Br n° 48 : 1, 111, 24-26 ; MLO VIII, p. 19.).

49 Nous comprenons cette thèse comme suit : pourquoi le pape laisse-t-il dire des messes pour les défunts, alors que lui-même agit pour leur sort dans l'au-delà non pas par mode d'intercession, mais en vertu de la plénitude de son pouvoir et contre de l'argent ?

tuite, cette âme pieuse et aimée de Dieu à cause de la nécessité [dans laquelle elle se trouve] ?

85. De même : pourquoi les canons pénitentiels, qui depuis longtemps sont abrogés et morts, de facto et par l'absence d'usage, peuvent-ils cependant, encore et toujours, faire l'objet d'un rachat pécuniaire par concession d'indulgences, comme s'ils demeuraient très vivaces[50] ?

86. De même : pourquoi le pape dont, aujourd'hui, les richesses pèsent plus que celles des Crassus les plus opulents, ne construit-il pas la seule basilique de Saint-Pierre avec ses propres deniers plutôt qu'avec ceux de ses pauvres fidèles ?

87. De même : que remet ou répartit le pape à ceux qui, par leur contrition parfaite, ont droit à une pleine rémission et participation[51] ?

88. De même : quel plus grand bien pourrait être donné en plus à l'Église, si le pape, ainsi qu'il le fait [maintenant] en une seule fois, accordait, cent fois par jour, ces rémissions et ces participations à n'importe lequel de ses fidèles ?

89. Puisque, par les indulgences, le pape recherche plus le salut des âmes que l'argent, pourquoi suspend-il les lettres d'indulgences concédées déjà autrefois, alors qu'elles sont également efficaces[52] ?

---

50 Voir plus haut, les thèses 10 à 13.

51 Participation aux biens du Christ et de l'Église (voir thèse 37).

52 La suspension de lettres d'indulgences, comme dans la Bulle

90. Réprimer par la puissance seule ces arguments qui témoignent des grands soucis[53] des laïcs, et ne pas s'en disculper en rendant raison, c'est exposer l'Église et le pape à la dérision de leurs ennemis et rendre les chrétiens malheureux.

91. Si donc les indulgences étaient prêchées selon l'esprit et l'intention du pape, toutes ces choses seraient facilement résolues – bien plus, elles n'existeraient pas[54].

92. Qu'ils s'en aillent donc, tous ces prophètes qui disent au peuple du Christ « paix, paix », et il n'y a point de paix.

93. Qu'ils agissent bien, tous ces prophètes qui disent au peuple du Christ « croix, croix », et il n'y a pas de croix[55].

---

d'indulgence de Léon X du 31 mars 1515, suscitait force mécontentement. (Voir Martin Luther, *Studienausgabe*, t. 1, éd. Hans-Ulrich Delius, Berlin, Evangelische Verlagsanstalt, 1979, p. 184, note 153.)

53 Littéralement : « ces arguments scrupuleux des laïcs ». Cette thèse annonce le combat de Luther dans les mois et les années qui vont suivre : comme les laïcs, il n'entend pas se soumettre au seul argument d'autorité, mais demandera à être convaincu par la raison – ainsi que, faut-il ajouter, par l'Écriture.

54 Luther emploie une stratégie rhétorique analogue dans sa lettre à Albert de Brandebourg : si l'évêque impose aux prédicateurs d'indulgences une autre manière de prêcher, cela évitera les critiques publiques fâcheuses qui, sans cela, ne manqueront pas de s'exprimer.

55 Dès le 22 juin 1516, Luther avait écrit à Michael Dressel, prieur augustin : « Tu recherches la paix, mais comme le monde la donne, et non pas comme le Christ la donne. Ignores-tu [...] que Dieu est admirable au milieu de son peuple au point qu'il a établi sa paix au milieu d'aucune paix – c'est-à-dire de toutes les tentations ? [...]

94. Il faut exhorter les chrétiens de s'appliquer à suivre leur chef Christ à travers les peines, les morts et les enfers,

95. et, ainsi, à avoir la ferme confiance d'entrer au ciel par de nombreuses tribulations plutôt que par la [fausse] sécurité de la paix [voir Mt 10.38].

Ce n'est donc pas celui que personne ne dérange qui a la paix – ou plutôt, cette paix est la paix du monde –, mais c'est celui que tous et toutes choses dérangent, et qui supporte toutes ces choses avec Joie et calme. Tu dis avec Israël : "Paix, paix", et il n'y a point de paix ; dis plutôt avec le Christ : "Croix, croix", et il n'y a pas de croix. » (WA Br n° 17 : 1, 47, 27-35.)

GLOSSAIRE

– Anathème : du latin « *anathema* », « malédiction, objet maudit ». En déclarant quelqu'un anathème, l'Église le retranche de la communion des fidèles.

– Apostat : personne qui renie publiquement sa foi chrétienne.

– Attrition : regret d'avoir péché suscité par un motif inférieur à celui de l'amour de Dieu (par exemple, la crainte du châtiment). Le Concile de Trente la dépeint comme une « contrition imparfaite [...] parce qu'elle naît communément de la considération de la laideur du péché ou de la crainte des peines de l'enfer ». Au siècle suivant, les confesseurs débattirent vivement pour savoir si l'attrition était suffisante pour recevoir le pardon de Dieu, ou s'il fallait exiger des pénitents la contrition*, avant que ne l'emportent les partisans de l'attrition.

– Canons : règles de l'Église ayant trait à la doctrine ou aux mœurs ; dans un sens plus précis, les canons désignent des décisions dogmatiques prises par un concile, et considérées comme étant d'inspiration divine.

– Confession d'Augsbourg : confession de foi présentée devant Charles Quint, lors de l'Assemblée d'Empire d'Augsbourg (25 juin 1530), par les princes luthériens, conduits par Jean de Saxe.
– Contrition : regret d'avoir péché suscité par l'amour de Dieu.
– Coulpe : faute, péché (voire aveu du péché, comme l'indiquent les locutions battre sa coulpe ou faire son *mea culpa*).
– Péchés mortels : les Pères de l'Église Origène puis Augustin sont à l'origine de la distinction entre les péchés qui sont la mort de l'âme – et qui entraînent par conséquent la damnation – et ceux qui en sont la faiblesse.
– Péchés véniels : par opposition aux péchés mortels, ils ne privent pas leurs auteurs de la grâce sanctifiante de Dieu.
– Prince électeur : depuis 1338, l'Empereur était élu par sept Électeurs, trois princes temporels et quatre ecclésiastiques : le roi de Bohème, le prince électeur de Saxe, le prince électeur de Brandebourg, le prince électeur Palatin, l'archevêque de Mayence, l'archevêque de Trèves et l'archevêque de Cologne.
– Purgatoire : lieu intermédiaire entre le paradis et l'enfer, dans lequel les âmes destinées à être purifiées passent un temps plus ou moins long – mais non éternel, au contraire de l'enfer. Le terme « purgatoire », absent de la Bible, a été employé tout

d'abord comme adjectif (par exemple, le feu purgatoire), avant de devenir un substantif au douzième siècle. Parallèlement à cette évolution, l'idée de punition, d'expiation, s'est ajoutée à celle de purification. À la fin du Moyen Âge, la prédication en fait un lieu afflictif terrifiant, tandis que les autorités ecclésiales sont plus réservées. En réaction à la contestation de Luther, le Concile de Trente affirma expressément l'existence de ce lieu, où « les âmes sont retenues ».

– Satisfaction : troisième partie de la pénitence, après la contrition et la confession ; Luther divise en trois parties les œuvres de satisfaction, imposées par l'Église au pécheur : œuvres spirituelles de toutes sortes (« la prière »), mortifications physiques (« le jeûne ») et œuvres d'amour envers le prochain (« l'aumône »).

– Surérogatoire : qui dépasse ce qui est nécessaire pour obtenir le salut. La notion de mérite ou d'œuvre surérogatoire provient de l'idée selon laquelle le Christ et les saints ont accompli des mérites en surnombre – en tout cas, plus qu'il n'en faut pour entrer au ciel. Pour autant, ces mérites ne seront pas perdus : ils constituent un « trésor » dans lequel l'Église seule est habilitée à puiser, afin de pallier les manques de ceux dont les mérites ont été insuffisants. Cette conception repose sur l'idée, développée au Moyen Âge mais qui nous est désormais un peu lointaine, surtout en milieu protestant, d'une solidarité entre les défunts et les vivants.

BIBLIOGRAPHIE

I. Les Quatre-Vingt-Quinze thèses

- L'édition originale, en latin, se trouve au tome 1 de la *Weimarer Ausgabe*, édition de référence des œuvres de Luther, Weimar, Böhlau, 1883, p. 229-238. On consultera aussi : Martin Luther, *Studienausgabe*, t.1, éd. Hans-Ulrich Delius, Berlin, Evangelische Verlangsanstalt, 1979, p. 173-185.

II. Œuvres de Luther en traduction française

- Luther, *Œuvres*, t. I, éd. Marc Lienhard et Matthieu Arnold, Paris, Gallimard, 1999, p. 135-143 (traduction des *Quatre-vingt-quinze thèses*) et 1255-1264 (notice, note sur le texte et notes).
- Martin Luther, *Œuvres*, t. I, Genève, Labor et Fides, 1957.
- Martin Luther, *Œuvres*, t. VIII : *Lettres*, Genève, Labor et Fides, 1959.

II. Études

- Matthieu Arnold, *Prier 15 jours avec Luther*, Montrouge, Nouvelle Cité, 1998.
- André Birmelé, *L'horizon de la grâce. La foi chrétienne*, Paris, Cerf – Lyon, Olivétan, 2013.
- Pierre Bühler, *Le protestantisme contre les indulgences. Un plaidoyer pour la justification par la foi*, Genève, Labor et Fides, 2000.

- Marianne Carbonnier-Burkard, « Fêter la Réformation », *Études Théologiques et Religieuses* 63 (1988), p. 421-426.
- Irene Dingel, Henning P. Jürgens (éd.), *Meilensteine der Reformation. Schlüsseldokumente der frühen Wirksamkeit Martin Luther*, Gütersloh, Gütersloher Verlagshaus, 2014.
- Albert Greiner, *Luther. Essai biographique*, Strasbourg, Oberlin, 1992 (3e éd.).
- Berndt Hamm, *Der frühe Luther. Etappen reformatorischer Neuorientierung*, Tübingen, Mohr Siebeck, 2010.
- Jacques Le Goff, *La naissance du purgatoire*, Paris, Gallimard, 1981.
- Marc Lienhard, *Martin Luther. Un temps, une vie, un message*, Genève, Labor et Fides, 1998 (4e éd.).
- Bernd Moeller, « Die letzten Ablaßkampagnen. Der Widerspruch Luthers gegen den Ablaß in seinem geschichtlichen Zusammenhang », in : Hartmut Boockmann, Berndt Moeller et Karl Stackmann (éd.), *Lebenslehren und Weltentwürfe im Übergang vom Mittelalter zur Neuzeit. Politik – Bildung – Naturkunde – Theologie*, Göttingen, 1989, p. 539-567.
- Francis Rapp, *L'Église et la vie religieuse en Occident à la fin du Moyen Âge*, Paris, Presses Universitaires de France, 1983 (4e éd.).
- Francis Rapp, « Les campagnes d'indulgences dans le diocèse de Strasbourg à la fin du Moyen Âge, *Revue d'Histoire et de Philosophie religieuses* 83 (2003), p. 71-88.
- Bernard Sesboüé, article « Indulgences », in : *Dictionnaire critique de théologie*, sous la direction de Jean-Yves Lacoste, Paris, Presses Universitaires de France, 1998, p. 569-570.

TABLE DES MATIÈRES

Editions Olivetan – Lyon
contact@editions-olivetan.com

Composition : Filigrane TEXTE ET IMAGE – Vauvert
filigranepao@orange.fr

Impression : Imprimerie IMEAF – La Bégude de Mazenc
www.imeaf.com
20160784